リニア新幹線と南海トラフ巨大地震

「超広域大震災」にどう備えるか

石橋克彦

a pilot of wisdom

目次

はじめに ―― 8

第1部　リニアは地震に耐えられない ―― 13

第一章　リニア中央新幹線とは何か ―― 14

東海道新幹線と全幹法／基本計画路線としての中央新幹線／国鉄によるリニア鉄道の研究開発／山梨リニア実験線／リニア中央新幹線の技術的な概要／JR東海によるリニア中央新幹線計画／中央新幹線小委員会の審議と答申／環境影響評価から着工まで／「大深度地下」利用に関する懸念

第二章　地震危険性を検討しなかったリニア計画 ―― 35

地震に強いというJR東海の主張／地震問題を審議しなかった小委員会／

地震の仕組み／地震がもたらす現象（1）―地震動／
地震がもたらす現象（2）―ズレの直撃と岩盤の変形／
「リニアは地震に強い」は疑問／政府審議会の構造的問題

第三章　活断層が動けばリニアは壊滅する――54

「活断層を横切ることが心配です」というQ／地震と活断層／活断層の評価／
活断層に切られた丹那トンネル／活断層を無視した中央新幹線小委員会／
リニアが横切る主要活断層帯／「リニア活断層地震」の惨状／
地震を起こさなくても活断層は危険／活断層がなくても大地震が起こる

第四章　南海トラフ巨大地震から復旧できるか――81

出発点で考えなかった／想定東海地震から南海トラフ地震へ／
南海トラフ巨大地震とは何か／歴史上の南海トラフ巨大地震／
来るべき南海トラフ巨大地震／最大級の南海トラフ地震の推定震度分布／
地震動によるリニア中央新幹線の被害／赤石山地とは／

赤石山地周辺の地震時沈降によるリニアの被害／
糸静線断層帯が連動するかもしれない／
大規模な斜面崩壊によるリニアの埋没／トンネルからの避難ができない／
南海トラフ巨大地震からリニアが復旧できるか

第2部　ポストコロナのリニアは時代錯誤 ―― 123

第五章　地球温暖化防止に逆行するリニア新幹線 ―― 124

脱炭素社会に向けて求められる省エネルギー／
リニア新幹線の消費電力――国交省の試算／
リニア発案者・川端敏夫氏の後悔／
リニア新幹線の消費電力――阿部修治氏の推計／
エネルギー性能の悪いリニア新幹線／リニア中央新幹線のCO_2排出量／
リニア新幹線と原子力発電所／「リニア原発震災」を起こしてはならない

第六章　ポストコロナの日本を「超広域複合大震災」が襲う――146
ポストコロナは「大地動乱の時代」／
近現代日本が初めて南海トラフ巨大地震に襲われる／
日本社会を揺るがす超広域複合大震災／現代社会の状況が震災を増幅する／
膨大な被災地の救済が困難／きわめて危険な東京一極集中／
大阪圏の地震危険度も高い

第七章　「超広域大震災」にどう備えるか――172
ポストコロナの日本のあり方／新型コロナの大流行で見えたこと／
日本を弱くする「国土強靱化」と「地方創生」／
自立的な地方からなる農水産立国に転換を／
風土に根ざした地方が根幹／
人・職業の再配置と「労働者協同組合」への期待／
風土と安全を脅かす自由貿易至上主義／危うい観光立国／

超広域大震災に備えて分散型の社会と国土を創ろう

第八章　リニア中央新幹線の再考を――194
第二次国土形成計画とスーパー・メガリージョン構想／リニア計画決定プロセスの重大な問題点／リニアは新たな災害要因／認めがたいリニアの「意義」／「第二の原発」ともいえるリニア中央新幹線／今こそリニア計画を再考しよう

あとがき――209

注――237

図版作成／クリエイティブメッセンジャー

はじめに

ＪＲ東海（東海旅客鉄道株式会社）が二〇二七年の開業を目指すリニア中央新幹線の品川・名古屋間は、一五（平成二七）年一二月から沿線各地で本格的な工事が始まった。超電導磁気浮上方式で最高設計速度は毎時五〇五キロ、二八六㎞を約四〇分で結ぶという。ただし、二一年四月末現在、南アルプストンネル（延長二五㎞）の静岡工区は、大井川の流量減少やそのほかの環境問題によって、静岡県がまだ着工を認めていない。

実はリニア中央新幹線計画には、大井川問題以外にも、ほとんど報道されていない多くの批判がある。超電導磁気浮上式鉄道の純粋な技術開発としてはいろいろな成果があるのだろうが、現実の日本の社会と国土でみたときにはさまざまな問題があるのだ。

長年、経済政策の観点から内外の公共的大規模プロジェクトの成功と失敗を研究してきた橋山禮治郎《れいじろう》氏は、リニア中央新幹線はプロジェクト一般の二大要件である目的と手段の両方で妥当性と最適性を著しく欠いており、経済性・技術的信頼性・環境適応性に多大の問題があって失敗する可能性が高く、国家百年の愚策だと断じている。[*1]
私も地震に対する安全性を強く懸念している。リニア中央新幹線は東海道新幹線が東海地震で被災した際の代替としても必要だといわれるが、南海トラフ巨大地震（東海地震を含む）が発生すればリニア自体も大被害を受けるおそれがある。また、何本もの第一級の活断層をトンネルで横切っており、どれかが地震を起こせば大惨事が生じるだろう。
リニア新幹線の地震に対する安全性については、専門家による具体的な議論が皆無といってよい。私自身、一一年以来何度か言及しているが、短い論考だけだった。[*2]そこで本書の第1部で、活断層や南海トラフ巨大地震の一般的説明も含めて、リニア中央新幹線の地震に対する危険性を詳しく述べたいと思う。
その南海トラフ巨大地震は、今世紀半ばころまでには発生すると考えたほうがよい。それは、明治維新以来一五〇年間の近現代日本で初めて、「超広域複合大震災」をもたらすと予想される。甚大な直接被害もさることながら、食料や生活必需品まで海外に依存している現状では、膨大な被災者と被災地が非常な困窮に突き落とされ、日本の衰亡につながりかねない。したがって、社会構造そのものを変えておく必要があると思われる。

いっぽう二〇年からのコロナ災害の終わりが見えないが、何とか終息したのち――ポストコロナ――には、日本社会はその経験を踏まえて大きく変わるべきだろう。

私は、ポストコロナの望ましい社会の姿は、超広域大震災への備えに合致すると考えている。一言でいえば、経済成長を至上とする集中・大規模・効率・高速などの論理から脱却し、分散・小規模・ゆとりなどを大事にする社会である。東京一極集中や大都市圏の過密と地方の過疎を抜本的に解消し、エネルギーや食料の自給を基本として域内で経済が循環する地方を育て、真に分散型で大規模災害に強い社会と国土に変革するのである。そのためには必然的に、自由貿易一辺倒をあらためて、農林水産業を復興すべきだろう（私は震災論の立場からこれらを一九九四年以来主張しているが、[*3] コロナ禍で再確認した）。

そういう将来に、三大都市圏を一時間で結び、巨大都市集積圏を生み出すというリニア中央新幹線は、「時代錯誤」と言わざるをえない。第2部で、以上のことを論じたい。

南海トラフ地震によってリニア新幹線が複数箇所で大惨事と大被害を生じ、最悪の場合は復旧不能で震災遺構になってしまうという事態は、絶対に避けるべきである（これが大《おお》袈裟《げさ》でないことは本書を読んでいただけばわかるだろう）。コロナ禍で大きな時代の転換点となる今こそ、計画の全面的見直しをしなければならないと思う。

二〇一一年三月には東日本大震災と東京電力福島第一原子力発電所事故から一〇年の節目を迎えた。実は私は、福島原発事故について痛恨の思いがある。私は一九九七年以来、原発の地震脆弱性《ぜいじやくせい》を確信し、「原発震災」という概念を提起して警鐘を鳴らしていた。*4 原発震災とは、大地震・津波で原発事故が起こり、放射能災害と通常震災が複合・増幅し合う破局的災害のことである。しかし警告が社会に浸透しないまま、私が予測した最悪の様相ではなかったが「福島原発震災」が現出してしまった。私は「起こる可能性のあることは必ず起こる」と考えて、地震研究者として合理的に推測できる危険を社会に伝えたいと思っていたが、役に立たなかった。リニア新幹線で同じことをくり返したくない。

国民的議論も合意もなしに走り始めたリニア中央新幹線計画の再検討を実現させる力は、一般市民が的確な認識にもとづいて創り出す世論のうねりしかないだろう。本書がそれを引き出す一助になれば幸いである。

詳細な注をつけたが、通読の際は見なくてよいので、気軽に読み進めていただきたい。

第1部　リニアは地震に耐えられない

第一章　リニア中央新幹線とは何か

東海道新幹線と全幹法

一九六四（昭和三九）年一〇月一日、東海道新幹線が東京・新大阪間で華々しく開業した。東京オリンピック開会式の九日前のことである。

東海道新幹線は、戦後復興が進み高度経済成長期に入って東海道本線の輸送力が限界に近づいたことから計画された。自動車や飛行機の時代になるのだから線路を増設する程度でよいという意見が根強いなかで、国有鉄道では初めての標準軌《き》（レールの内側の間隔が一四三五㎜、日本では広軌ともいう）で新路線を建設した。[*1]

開業してみると、広軌による高速・大量輸送の効果は絶大で、年ごとに実績を高め、よくも悪くも日本社会を大きく変貌させた。やがて、鉄道は過去の遺物という海外の見方をも変えることになる。六七年には新大阪・岡山間の山陽新幹線も起工された。

東海道新幹線の「成功」により、全国各地で新幹線を望む声が高まり、七〇年五月に「全国新幹線鉄道整備法」[*2]（以下、全幹法）が制定された。その背景には前年五月に閣議決定された「新全国総合開発計画」もあった。

全幹法は、「新幹線鉄道」を「その主たる区間を列車が二百キロメートル毎時以上の高速度で走行できる幹線鉄道」（第二条）と定義し、法律の目的を「新幹線鉄道による全国的な鉄道網の整備を図り、もつて国民経済の発展及び国民生活領域の拡大並びに地域の振興に資すること」（第一条、九七年の改正後）とする。そして「新幹線鉄道の路線は、全国的な幹線鉄道網を形成するに足るものであるとともに、全国の中核都市を有機的かつ効率的に連結するものであつて、第一条の目的を達成しうるものとする」（第三条）とした。

リニア中央新幹線の法的根拠は、以下でみるようにこの全幹法にあるのだが、それへの適合性に私は疑問を感じており、すでに批判もある。それについては第八章で述べる。

なお本書では、「リニア中央新幹線」という言葉を、正式名称「中央新幹線（東京都・

大阪市間）」（29ページ表2参照）に対して用いるが、文脈によって「中央新幹線（品川・名古屋間）」を指す場合も多い。また、省略して「リニア新幹線」「リニア」と書くこともある。同じ走行方式の鉄道一般については「リニア鉄道」と記し、在来方式も含む中央新幹線は単に「中央新幹線」と書く。特定の組織による関連用語はそのとおりに記す。

表1に、以下で述べるリニア中央新幹線計画のおもな経緯をまとめておく。

基本計画路線としての中央新幹線

一九七三（昭和四八）年一一月に運輸省（当時）は、全幹法に則《のっと》り、建設を開始すべき新幹線鉄道の一一路線を定める基本計画を決定した[*3]（東北、上越新幹線は七一年、北海道、北陸、九州新幹線は七二年に決定済み）。そのなかに「中央新幹線」があり、起点は東京都、終点は大阪市、主要な経過地は甲府市付近・名古屋市付近・奈良市付近とされた。これが、全幹法としては特殊な展開でリニア中央新幹線になる。

ほかの一〇路線は、北海道南回り、羽越、奥羽、北陸・中京、山陰、中国横断、四国、四国横断、東九州、九州横断だが、どれも現在まで何も進展していない。

表1　リニア中央新幹線にかかわるおもな事項

年月日	事　項
1962	国鉄・鉄道技術研究所, リニアモーター推進浮上式鉄道の研究を開始
1964.10.1	東海道新幹線(東京・新大阪)開業
1970.5.18	全国新幹線鉄道整備法(全幹法)公布(6.18施行)
1973.11.15	全幹法により中央新幹線を基本計画路線として公示
1974.7	全幹法にもとづき, 運輸大臣が国鉄に対して地形・地質等調査を指示
1977.4	浮上式鉄道宮崎実験センター開設, 7月走行実験開始, 96年走行実験終了
1987.4.1	国鉄分割民営化, JR東海発足, 鉄道総合技術研究所(鉄道総研)事業開始
1989.8.7	第4回超電導磁気浮上式鉄道検討委員会, 山梨リニア実験線の建設を決定
1990.6.25	鉄道総研・JR東海による「超電導磁気浮上方式鉄道技術開発基本計画」と鉄道総研・JR東海・鉄建公団による「山梨実験線建設計画」を運輸大臣が承認
1996.7.1	山梨実験センター開所, 97年4月から先行区間18.4kmで走行試験開始
2007.12.25	JR東海, 超電導リニアによる中央新幹線を自己負担で建設すると発表
2008.10.22	鉄道・運輸機構とJR東海, 東京・大阪間で路線建設は可能と国土交通大臣に報告
2009.7.28	第18回超電導磁気浮上式鉄道実用技術評価委員会,「営業に必要な技術が確立しているかまたは確立の見通しが得られている」と評価
2009.12.24	鉄道・運輸機構とJR東海, 輸送力・技術開発・建設費などの調査結果を国土交通大臣に報告. 超電導リニアによる南アルプスルートの優位性を強調
2010.2.24	国土交通大臣, 中央新幹線の整備計画などを交通政策審議会に諮問
2011.5.12	国土交通省の交通政策審議会中央新幹線小委員会の答申
2011.5.27	国土交通大臣からJR東海に建設指示
2011.6.7	JR東海, 計画段階環境配慮書を公表. 起・終点, 中間駅概略位置などを示す
2013.8.29	山梨実験線, 全区間42.8km完成
2013.9.18	JR東海, 環境影響評価準備書を公表, 詳細ルート等を開示
2014.8.26	JR東海, 修正した環境影響評価書を国土交通大臣・関係自治体首長に送付
2014.8.26	JR東海, 工事実施計画(その1)について国土交通大臣に認可申請
2014.10.17	国土交通大臣, 工事実施計画(その1)を認可
2014.12.17	JR東海, 品川・名古屋両駅で安全祈願式典(着工式)を挙行
2015.12.18	山梨県早川町で南アルプストンネル山梨工区着工

翌七四年に運輸大臣（当時）は全幹法にもとづき、日本国有鉄道（以下、国鉄、当時）に対して、甲府・名古屋間の地形・地質などの調査を指示した。[*4] この調査は、八七（昭和六二）年四月の国鉄分割民営化のあと、日本鉄道建設公団（以下、鉄建公団。二〇〇三年一〇月に鉄道建設・運輸施設整備支援機構（以下、鉄道・運輸機構）に吸収）に引き継がれ、九〇（平成二）年以降は、範囲を広げて東海旅客鉄道株式会社（以下、ＪＲ東海）も加わった。

国鉄によるリニア鉄道の研究開発

月刊誌『車輛《しゃりょう》工学』の一九六一年三月号に、川端敏夫《かわばたとしお》氏（札幌鉄道教習所講師、当時）の「滑る鉄道の夢」が掲載された。[*5] それは、先進国の鉄道が飛行機と自動車に負けて斜陽化していくなかで、鉄道が有利になるためには超高速・自動運転が重要だとして、リニアモーター（この言葉は使っていない）で推進し、車輪を使わずにガイドの上を時速六〇〇キロで滑る鉄道（東京・大阪間一時間）というアイデアを述べていた。川端氏によれば、これを見て国鉄の鉄道技術研究所（以下、鉄道技研）の職員が飛んできたという。[*6]

リニアモーター（技術系では「モータ」と書くが、本書は一般的表記を使う）とは、通常の

図1　リニアモーターの概念図

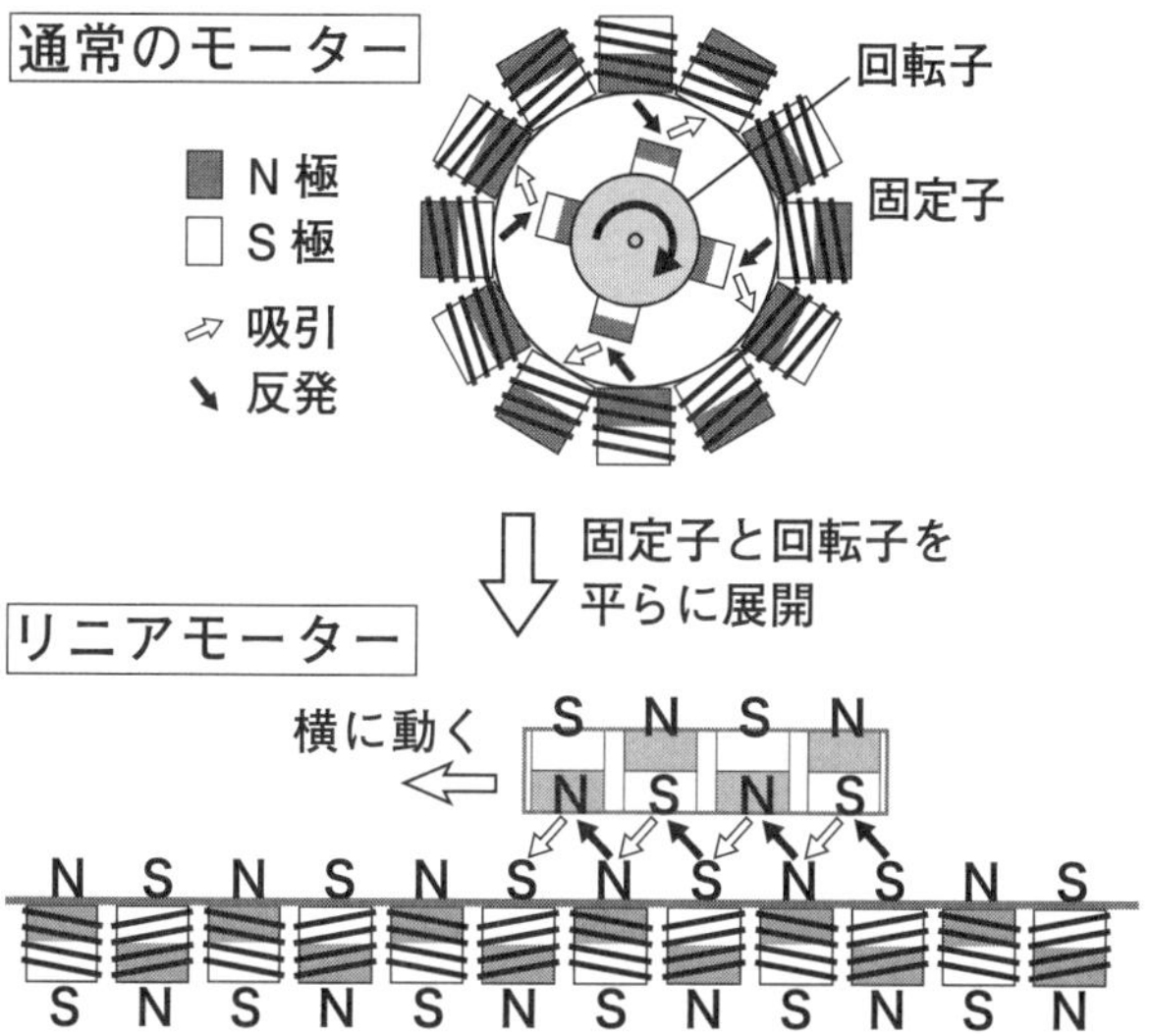

コイルによる電磁石を用いたイメージ。電流の向きを変えると磁極が入れ替わり、回転ないし並進が持続する。筆者作成。

モーター（電動機。変動する磁界の中を（電）磁石が回転する）が円筒形で、外側の固定子の中を回転子が回転するのに対して、固定子と回転子を平らに（線状＝リニアに）展開して、回転子に相当するものが横に動くようにした電動機である（図1）。

　鉄道技研では、六二年に「リニアモーター推進浮上式鉄道」の研究が始まった[*7]（本書の技術的および二〇〇六年までの開発史的な記述では注7の文献を多く参照した）。車両を浮かせるためには、六九年から超電導磁気浮上式を開発することになった。超電導（超伝導とも書く）とは、ある種の金属などをマイナス二七三℃（絶対零度）近くまで冷やすと、ある温度（臨界温度）で電気抵抗が急にゼロになる現象で、一九一一年にオランダで発見された。この現象を利用したコイルを作って車両に載せれば、大電流を半永久的に流すことができるので強力な電磁石となり、路盤に磁石を並べれば反発力で車両を浮かすことができる（実際は、あとで説明するようにもう少し複雑な構造）。

七二年三月には、東京都国分寺《こくぶんじ》市の鉄道技研構内のガイドウェイ（長さ二二〇m）で、無人の実験車が世界で初めて超電導磁石とリニアモーターによる浮上走行に成功した。七七年四月には宮崎県の日向《ひゅうが》市〜都農《つのちょう》町に宮崎実験線が開設された。七九年八月に長さ七㎞の全線が完成して、同年一二月に時速五一七キロの最高速度を記録した。*8

前述のように、八七年四月に国鉄が分割民営化された。これに伴って鉄道技研は鉄道総合技術研究所（以下、鉄道総研）となり、リニア実験を引き継いだ。このころになると、リニア鉄道を中央新幹線と結びつける論調が出てきた。八七年六月に閣議決定された「第四次全国総合開発計画」[*9]のなかに、それを窺《うかが》わせる記述がみえる。

宮崎実験線では、九五（平成七）年一月に有人走行での最高速度四一一キロ毎時を達成するなどしたが、九六年にリニア走行実験を終了した。

山梨リニア実験線

運輸省は一九七九年度から超電導磁気浮上式鉄道の開発費を一部補助していたが、[*10]八八・八九両年度に、実用化に向けた技術開発のための条件調査を進め、有識者による検討委員会を設置した。そして八九（平成元）年八月の第四回委員会で、新実験線を山梨県の甲府市郊外に建設することを決定した。トンネル・急勾配などの実験条件への適合や地元の協力とともに、将来の営業線への転用可能性が考慮された。

九〇年六月には運輸大臣の通達を受けて、鉄道総研とJR東海が「超電導磁気浮上方式鉄道技術開発基本計画」を、鉄道総研・JR東海・鉄建公団が「山梨実験線建設計画」をそれぞれ作成し、大臣の承認を得た。山梨実験線での技術開発が国家的プロジェクトになったわけである。

山梨実験線は、九六年七月に山梨実験センター（都留《つる》市）が開所し、翌年四月から先行区間一八・四㎞（都留市～大月《おおつき》市）で本格的な走行試験が始まった。同年一二月には有人走行で五三一キロ毎時を記録した。

「技術開発基本計画」の成果などは、九七年一月に運輸省に設置された「超電導磁気浮上式鉄道実用技術評価委員会」で審議が続けられ、二〇〇九年七月の第一八回委員会で「営業に必要な技術が確立しているかまたは確立の見通しが得られている」と評価された。[*11] いっぽう山梨実験線は、一三（平成二五）年八月に全区間四二・八㎞（笛吹《ふえふき》市境川《さかいがわ》町～上野原《うえのはら》市秋山《あきやま》）が完成し、営業運転に向けた実験が続けられている。[*12] なお運輸省は、〇一年一月の中央省庁再編により、建設省などと統合されて国土交通省（以下、国交省）になった。

リニア中央新幹線の技術的な概要

本書ではリニア鉄道の技術的な詳細には立ち入らないが、基本的な点をみておこう。

24ページ図2にリニア中央新幹線の走行システムの概略を示す。この図は橋本（一九九九）[*13] の図3と涌井（一九九〇）[*14] を参考にしており、車体幅はJR東海（二〇一〇）[*15] など、台車幅は鉄道総研（二〇〇六）[*16]による。車輪とストッパ輪については白國ほか（二〇〇六a、b）[*17]を参照した。25ページ図3には推進と浮上の仕組みを示す。

リニア新幹線では、レールと架線の替わりにU字型の「ガイドウェイ」が敷設され、側壁の内側に「推進コイル」と「浮上・案内コイル」が全線にわたって連続的に設置される。車両側では、車体を支える台車ごとに、両側に「超電導磁石」が搭載される。一基の超電導磁石はニオブチタン合金の超電導コイル四個を内蔵する。それぞれのコイルは液体ヘリウムでマイナス二六九℃まで冷却されて大電流が流れ続け、強力な電磁石になっていて、N極とS極が交互に並ぶ。なお、冷凍機による冷却（マイナス二五五℃まで）だけで液体ヘリウムが不要な「高温超電導磁石」の導入も図られているようである。

列車の推進のためにはガイドウェイの推進コイルに電流を流し、側壁に電磁石のN極とS極が交互に並ぶ形にする。これらと車両の超電導磁石がリニアモーターを構成して推進する。側壁のN極とS極が入れ替わる頻度（電流の周波数）で列車の速度を調整し、電流の強さで推進力を変化させる。このように運転制御は沿線の変電所の「電力変換器」でおこなうので、列車には駆動用電力も運転士も必要ない。二〇〜四〇㎞ごとに変電施設が造

図2　リニア中央新幹線の浮上・走行システムの概略

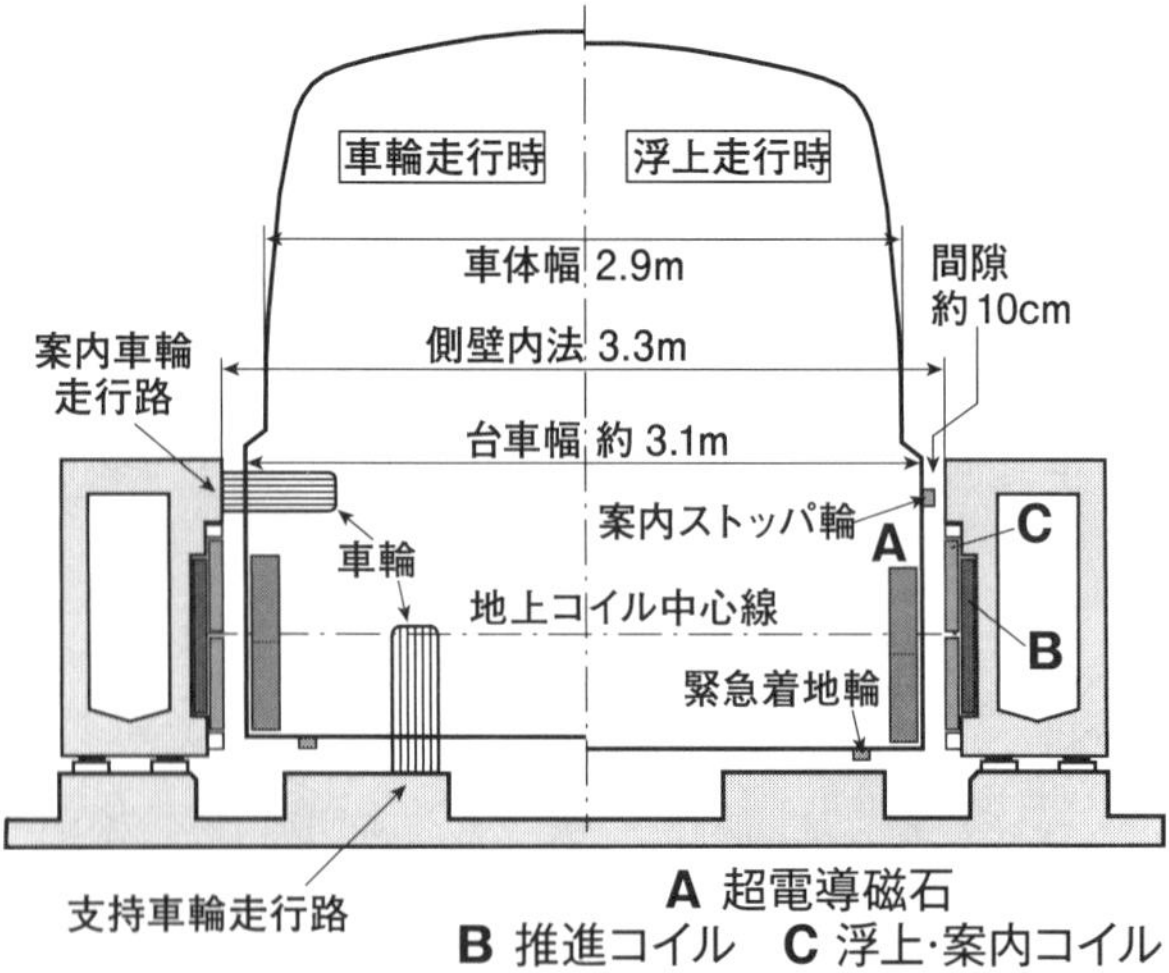

薄いグレーの部分がガイドウェイ。Aは車載、BとCは地上コイル。本文に記した資料を参照して筆者作成。

られ、一つの電力変換器が一列車を制御する。超高速の列車を正確かつ安全に運行するためには、車両の位置を数cm以下の誤差で検知し、走行計画（ダイヤ、走行パターン）に従って列車が走行する近辺にだけ適切な周波数と強さの電流（三相交流）を送電する必要があり、きわめて高度な情報および通電の制御システムが求められる。

列車が低速度のときはゴムタイヤの「支持車輪」で走行

図3　超電導リニアの推進と浮上の仕組み

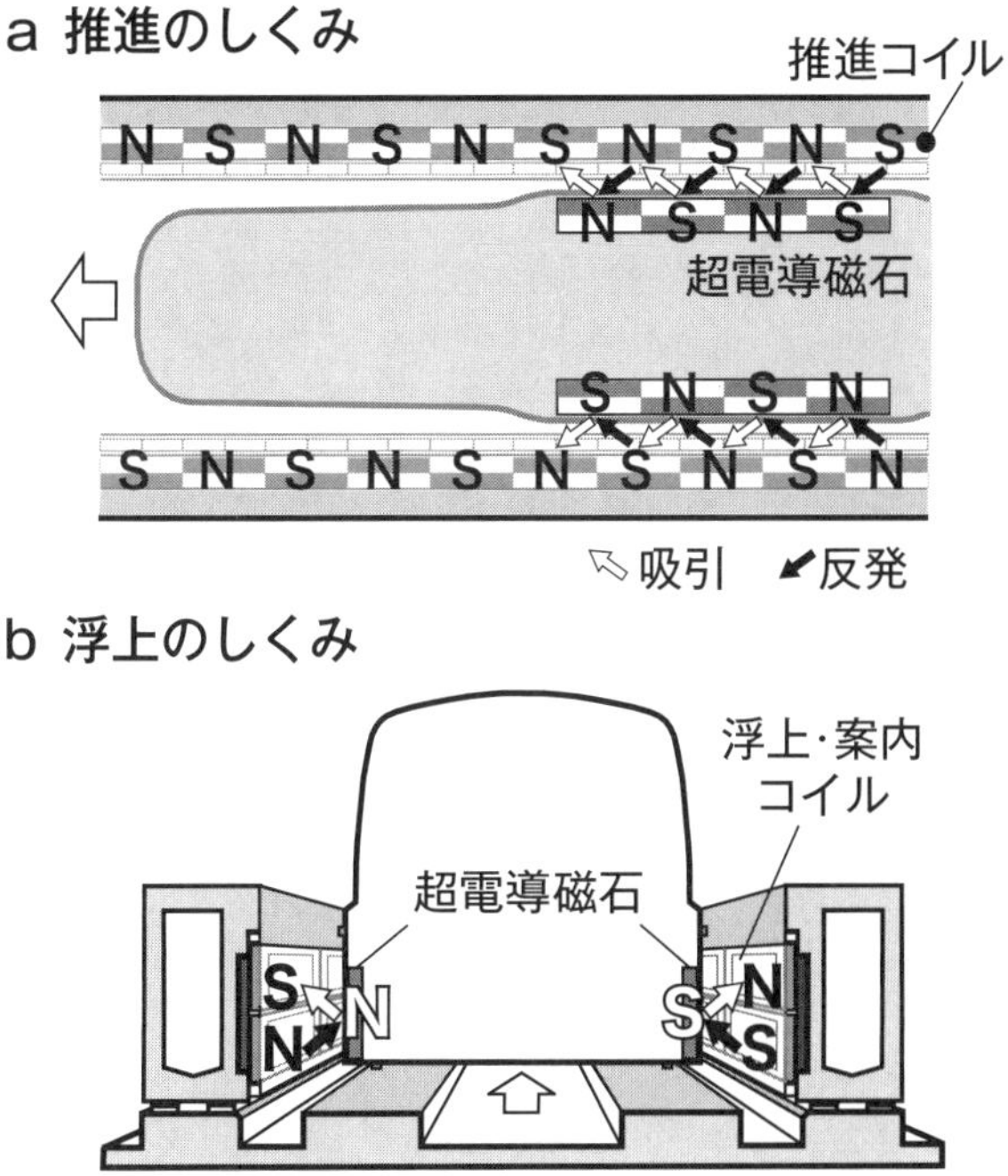

文字で示した磁極は、地上コイルの列車側、および超電導磁石のガイドウェイ側のものである。第2回中央新幹線小委員会の資料1-1などを参考にして筆者作成。

し、側壁にも「案内車輪」が接している（台車ごとに各四輪）。時速一五〇キロくらいになると、高速で移動する超電導磁石による電磁誘導で、ガイドウェイ側壁の浮上・案内コイルに大電流が生じて強力な磁石となり、列車の超電導磁石との間に反発力・吸引力が働いて、車両を一〇㎝浮上させるとともに水平的にもガイドウェイの中央に保持（案内）する。浮上走行時には支持および案内車輪は台車内に格納され、台車側面と側壁の間隙も約一〇㎝だという（支持車輪を格納すると車両は若干沈むらしい）。

ただし、超電導磁石が突然超電導性を失い（「クエンチ」という）、浮上・案内力がなくなるような緊急事態の際、列車がガイドウェイに接触するのを防ぐために、「緊急着地輪」と「案内ストッパ輪」という金属輪が台車ごとに各四輪、常に台車から数㎝出ている。

ブレーキは、電流を制御する「電力回生ブレーキ」が基本となる。これが作動しない場合には別種の電気的ブレーキや、車両の屋根に板を立てて空気抵抗で減速する「空力ブレーキ」、支持車輪（時速五〇〇キロでも緊急着地できる）のディスクブレーキを用いる。

列車内の照明や空調、冷凍機などに必要な電力は、電磁誘導の原理による「誘導集電」（電流が流れる地上コイル近傍を動く車載コイルに電流が発生する）で供給するという。

リニアに特有の技術的課題――超電導磁石のクエンチのおそれ、強力な磁界への対策、騒音・空気振動など――が重要だが、本書では触れない。

JR東海によるリニア中央新幹線計画

ＪＲ東海は、二〇〇七（平成一九）年四月の決算発表の記者会見で、二五年に首都圏と中京圏を結ぶリニアモーターカーの営業運転開始を目指すと発表した。[*18] 輸送能力が限界に近づいている東海道新幹線の代替という位置づけだった。ただし、国交省幹部は「全く事前の摺《す》り合わせがない」と語ったという。

同社は、同年一二月には、第一局面としての首都圏～中京圏間の超電導リニア「東海道新幹線バイパス」を、全幹法による中央新幹線として自己負担で建設することが自社の長期持続的な安定経営に資すると判断し、手続き等を進めると発表した。[*19]

〇八年一〇月には、鉄道・運輸機構とＪＲ東海が地形・地質等の調査報告書を国土交通大臣（以下、国交大臣）に提出し、「東京都・大阪市間のすべての調査範囲において、施工上の留意点はあるものの、（中略）路線建設は可能」と記した。[*20] 国交大臣は全幹法にもとづいて同年一二月、ルート・駅等に関して地域と調整を図ることを前提として、輸送力・技術開発・建設費などに関する調査を指示し、結果が〇九年一二月に報告された。[*21]

報告書で鉄道・運輸機構とJR東海は、地域との調整を図ったとしたうえで、木曽谷ルート、伊那谷《いなだに》ルート、南アルプスルートの三ルートについて超電導リニアと在来型新幹線ごとの建設費、輸送需要量と供給力などを算出し、所要時間・建設費などの点で超電導リニアによる南アルプスルートが優れていることを強調した。

中央新幹線小委員会の審議と答申

二〇一〇年二月、民主党鳩山由紀夫《はとやまゆきお》内閣の前原誠司《まえはらせいじ》国交大臣は全幹法にもとづき、国交省の交通政策審議会に中央新幹線の営業主体・建設主体、および整備計画について諮問した。それは同審議会陸上交通分科会鉄道部会（部会長、家田仁《いえだひとし》東京大学大学院工学系研究科教授）に付託され、同年三月三日の第七回部会において中央新幹線小委員会（以下、小委員会。委員長、家田仁）が設置されて、そこで調査審議をおこなうことになった。同日に、第一回小委員会が部会と合同で開かれた（小委員会の議事録や配布資料は国交省のサイトに公開さ[*22]

表2　中央新幹線小委員会の答申で適当とされた整備計画

建設線	中央新幹線	
区間	東京都・大阪市	
走行方式	超電導磁気浮上方式	
最高設計速度	５０５キロメートル／時	
建設に要する費用の概算額（車両費を含む）	９０,３００億円	
その他必要な事項	主要な経過地	甲府市附近、赤石山脈（南アルプス）中南部、名古屋市附近、奈良市附近

（注）建設に要する費用の概算額には、利子を含まない。

（注）を含めて中央新幹線小委員会の答申による。

れているので、適宜参照されたい）。

基本計画の経過地の甲府市付近と名古屋市付近の間に関しては、ＪＲ東海は最短の南アルプスルートを望み、長野県は諏訪《すわ》を通る伊那谷ルートを希望していて、ルートと走行方式が重要な課題であった。小委員会は一一年五月まで二〇回開かれ、最後の五月一二日に「答申」[*23]（以下、小委員会答申）を決定した。

小委員会答申は、東海道新幹線の東海地震リスクや経年劣化が懸念されるなかで三大都市圏間の大動脈が二重化される意義などを強調し、営業主体および建設主体はＪＲ東海が適当であり、整備計画は表2のようなものが適当であるとした。

これを受けて大畠章宏《おおはたあきひろ》国交大臣は全幹法に従い、答申どおりに営業・建設主体の指名と整備計画の決定をおこない、一一年五月二七日にJR東海に対して、整備計画にもとづいて建設するよう指示した。[*24] なお、JR東海は第三回小委員会（一〇年五月一〇日）において、大阪まで自己負担で建設できるが、二七年に名古屋まで開業し、経営体力を回復したのち四五年に大阪まで開業する二段階方式にすると述べた（一六年六月にJR東海は、安倍晋三《あべしんぞう》首相の資金支援の表明（204ページ）を受けて、大阪延伸の最大八年前倒しを検討すると発表した[*25]。しかし二〇年八月には、工事の遅れからこれはむずかしいとの見方を示した[*26]）。

環境影響評価から着工まで

建設指示を受けたJR東海は、全幹法の枠組みとは別に、環境影響評価法[*27]（一九九七年六月一三日公布、二〇一一年四月二七日に一部改正を公布）に従って、中央新幹線（東京都・名古屋市間）の環境影響評価を進めた。[*28]

まず二〇一一年六月に「計画段階環境配慮書」をとりまとめて公表した。ここで初めて、同線の起・終点が東海道新幹線の品川駅付近と名古屋駅付近であることや、山梨リニア実験線を通り延長約二八六㎞であることと、中間駅の概略の位置（神奈川・山梨・岐阜の三県内、長野県内は未定）が示された。

同年九月下旬からは「環境影響評価方法書」の公告、縦覧、市区町村単位の説明会、意見募集などがおこなわれ、一三年九月に「環境影響評価準備書」（七都県ごと）がまとめられた。その縦覧などののち、一四年四月には「環境影響評価書」が第二次安倍内閣の太田《おお た》昭宏《あきひろ》国交大臣に送付された。国交大臣は、石原伸晃《いしはらのぶてる》環境大臣の見解を勘案した意見をJR東海に送った。これを受けた同社は、一部修正した最終的な評価書を作成し、八月二六日に国交大臣・関係都県知事・市区町村長に送付するとともに、二九日に公告した。

その同じ八月二六日、JR東海は全幹法にもとづき、品川・名古屋間の「工事実施計画（その1）」について国交大臣に認可申請をおこなった。[*29] 土木構造物に関するものである。これは一〇月一七日に認可され、[*30] 一二月一七日に品川・名古屋両駅で安全祈願式（着工式）が開かれた。[*31] 沿線での本格着工は南アルプストンネル山梨工区で、一五年一二月一八日、山梨県早川町《はやかわちょう》においてである。[*32] 一七年九月には、主として電気関係に関する「工事実施計画（その2）」について認可申請がなされ、[*33] 一八年三月二日に認可された。

環境影響評価については本書では立ち入らないが、樫田《かしだ》秀樹《ひでき》氏が具体的に書いているように、[*34] きわめて問題が多い。形だけは法令に則っているが、短期間になされた不十分な内容で、住民や自治体への説明や対応も一方的で不誠実である。環境影響評価の制度自体にも、事業が決まってからおこなわれるために評価が形式にすぎなくなるとか、事業者が実施するために中立的・客観的な評価とはいえないなどの根本的な問題がある。

現在工事中のリニア中央新幹線の概要を表3に、路線の概略を66～67ページ図7に示す。都市圏の大深度地下トンネルと山岳部の長大トンネルなど、トンネルが全路線長の八六%を占めており、環境や安全問題の大きな要因になっている。

「大深度地下」利用に関する懸念

「大深度地下」というのは、「大深度地下の公共的使用に関する特別措置法」（二〇〇一年施行、大深度法）が定義するもので、①地下室の建設のための利用が通常おこなわれない深さ（四〇m以深）または②建築物の基礎の設置のための利用が通常おこなわれない深さ（支持地盤上面から一〇m以深）のうちいずれか深いほうの地下をいう。[*35] 大都市の地下の公共

表3　中央新幹線(品川・名古屋間)の概要

主な仕様	走行方式：超電導磁気浮上式方式 最高設計速度：505km/h 所要時間：最速 40 分程度 最小曲線半径：基本 8,000m （地形上等のためやむをえない場合 800m） 最急勾配：40‰(パーミル、筆者注：40/1,000) 軌道の中心間隔：5.8m 以上(ガイドウェイ中心線間隔)
線路延長	285.605km 内訳 トンネル 246.6km(約 86%)、高架橋 23.6km(約 8%)、橋梁 11.3km(約 4%)、路盤 4.1km(約 2%)
駅の位置	品川駅(地下)併設：東京都港区港南 神奈川県(仮称)駅(地下) 新設：神奈川県相模原市緑区橋本 山梨県(仮称)駅(地上) 新設：山梨県甲府市大津町字入田 長野県(仮称)駅(地上) 新設：長野県飯田市上郷飯沼 岐阜県(仮称)駅(地上) 新設：岐阜県中津川市千旦林字坂本 名古屋駅(地下) 併設：愛知県名古屋市中村区名駅
車両基地の位置	関東車両基地(仮称) 新設：神奈川県相模原市緑区鳥屋 中部総合車両基地(仮称) 新設：岐阜県中津川市千旦林
主なトンネル(仮称)(延長20km以上)	第一首都圏隧道 36.924km(うち約 35km は大深度*の予定)、南アルプス隧道 25.019km、中央アルプス隧道 23.288km、第一中京圏隧道 34.210km(うち約 20km は大深度*の予定)
主な橋梁(仮称)(延長400m以上)	笛吹川・濁川橋梁 418m、釜無川橋梁 751m、早川橋梁 400m、天竜川橋梁 522m
総工事費	5 兆 5,235 億 5,000 万円(車両費を含む、山梨実験線既設分は除く)
工事の完了予定時期	平成 39 年(筆者注：令和 9 年、2027 年)

*「大深度」とは「大深度地下」のことで、地下40m以深か、基礎杭支持地盤上面から10m以深の、深いほう

国土交通省の2014年10月17日資料(注30)の別紙をもとに筆者が作成。

的利用を円滑にするために、使用の申請をおこない、申請書の公告・縦覧、利害関係者の意見書提出、説明会開催などを実施したうえで審査を受け、認可されれば、事前に補償をおこなわずに工事ができることになっている。この深さならば地上への影響はないと考えられたからである。リニア中央新幹線では、33ページ表3にあるように首都圏と中京圏で合計約五〇㎞の大深度地下使用が申請され、*36 二〇一八年一〇月に認可された。*37

ところが、二〇二〇年一〇〜一一月に、東京都調布市の東京外郭環状道路の大深度地下トンネル工事直上の住宅街で、道路の陥没、地表面下の空洞形成、住宅の被害が生じ、東日本高速道路株式会社が工事との因果関係を認めて住民への補償を約束する事態が発生した。*38 陥没・空洞発生の推定メカニズムや再発防止策などに関する有識者委員会の報告書が二一年三月に出されたが、リニア工事でも地質条件などによっては事故が起こる可能性を否定できず、新たな重大問題だといえるだろう。

第二章　地震危険性を検討しなかったリニア計画

地震に強いというＪＲ東海の主張

ＪＲ東海は「超電導リニアは地震に強いシステム」だと主張している。[*1] 前章でみたように車両はＵ字型ガイドウェイの内側を一〇㎝浮上して走行し、車両を常にガイドウェイの中心に保持する電磁力が働いているから、地震時に脱線することはないという。また、東京・名古屋・大阪のターミナル駅および路線の大半は地下構造やトンネルなので地震時の揺れが小さいという。さらに、東海道新幹線で実績のある早期地震警報システム（テラス）を導入して、地震時には早期に列車を減速・停止することができるとしている。

同社の別の資料[*2]によれば、東海道新幹線の「テラス」は、五〇カ所の沿線地震計と二一カ所の遠方地震計によって、直下型地震に対しても遠方の大地震に対しても地震波の初動（P波）をいち早くとらえ、自動解析して主要動（S波）が到達するまでに必要区間の列車を減速・停止させるシステムで、気象庁の緊急地震速報も活用するという。なお、テラス（TERRA-S）はTokaido Shinkansen Earthquake Rapid Alarm Systemの略である。[*3]

同じ資料で、土木構造物は阪神・淡路大震災（一九九五年）を機に抜本的に見直された耐震基準に従って設計・建設することと、この基準に従って建設・補強された鉄道土木構造物は東日本大震災（二〇一一年）でも深刻な被害を受けなかったことが強調されている。その基準とは、『鉄道構造物等設計標準・同解説―耐震設計』（平成11年10月、平成24年9月）[*4]にまとめられている設計標準のことだろう。

しかし、以上の説明には、48ページ以降で議論するように、いくつもの疑問がある。

地震問題を審議しなかった小委員会

中央新幹線小委員会では、リニア中央新幹線の地震安全性についての審議はまったくなされなかった。第二回小委員会（二〇一〇年四月一五日）で国交省の担当者が技術事項について説明したとき、地震に関しては、リニアは脱線しない、構造物の耐震設計をする、地震を早期検知して列車を緊急停止させるといった話をした。これに対して委員からは、脱線がないのは大きな利点だという感想が出た程度で、何も議論されなかった。

第三回小委員会でＪＲ東海へのヒアリングがおこなわれ、リニア中央新幹線建設の第一の目的が、東海道新幹線の経年劣化と東海地震災害という二つのリスクの回避だという説明があったが、リニア新幹線自体の地震災害リスクに関する質疑は皆無だった。

第一八回小委員会（一一年四月一四日）では、同年三月一一日に発生した東日本大震災に関連して、国交省が東北新幹線の被害について報告し、ＪＲ東海がリニア中央新幹線計画への影響を説明した。後者では、同社の経営に対する震災の影響は一時的なものでリニア計画に支障はないことと、リニア新幹線の地震対策に追加すべき点はないことが述べられたが、このときも、リニアの地震安全性に関する委員からの質問や意見はまったくなかった。ただ、地震などによって列車が大深度区間で止まった場合に脱出はどうなるのかという質問があった。この問題については第四章でみる。

第二回小委員会の技術事項の審議では、22ページで触れた「実用技術評価委員会」の二〇〇九年の報告書がしばしば引きあいに出され、家田委員長は、ほとんどそれに網羅されていて、（さまざまな問題に）対応できる確信ができていると総括した。しかし報告書は、地震に関しては、ほかの自然現象と併せて「対応可能な技術や運営方法が確立している」と評価したものの、ＪＲ東海の主張の域を出ていない。元来この実用技術評価は山梨実験線での開発基本計画の評価だから、走行方式やルートの選定を含めた中央新幹線全体の地震安全性は小委員会で審議すべき課題であったろう。

その意味で小委員会の重大な手落ちは、活断層と東海地震などがリニア新幹線にどのような影響を与えるかをまったく検討しなかったことである。この二つの危険性については第三章と第四章で詳しく議論する。

そもそも小委員会には地震関係の専門家がいなかった。そして、議事録を読むかぎり、家田委員長をはじめとする委員は地学現象に関する関心と知識と想像力を欠いていたと言わざるをえない。第二回小委員会で「中央新幹線に関する視点と論点（案）」が議論されたが、そのなかでも「地震に対する安全性」が完全に欠落していた。

結局、小委員会答申の参考資料の「地震発生時の対応状況」には、ＪＲ東海の主張と実用技術評価報告書の記述がほぼそのまま書かれただけである。すなわち「1．ガイドウェイ側壁で物理的に脱線防止、2．強力な電磁力でガイドウェイ中心に車両を保持、3．大地震の際には左右・下部のストッパー輪で車両とガイドウェイの直接衝突を防止、4．ブレーキ装置を全て使用して急減速、◎地震で停電しても電磁誘導作用により車両の浮上状態を維持、◎早期地震警報システム地震検知後速やかに車両にブレーキ動作」と記された。

地震の仕組み

ここで地震現象の基本的なことをまとめておこう。*5

「地震」という言葉は、日常生活では大地の揺れを意味することが多いが、科学的には、揺れの原因となる地下の出来事を指す。それは、ほとんどの場合、地下深部の面状の、「古傷」が突然「ズレ破壊」して「地震波」を放出する現象である。「ズレ破壊」というのは、面の両側が互いに逆向きに激しくズレ動く（くい違う）破壊だ。ここでいう「古傷」とは、次章の「活断層」も第四章の「プレート境界面」も含んでいる（それら以外に、人に知られていない古傷も無数にある）。なお、「ズレ」を片仮名で書くのは正式ではないが、本書では

図4　地震の模式図

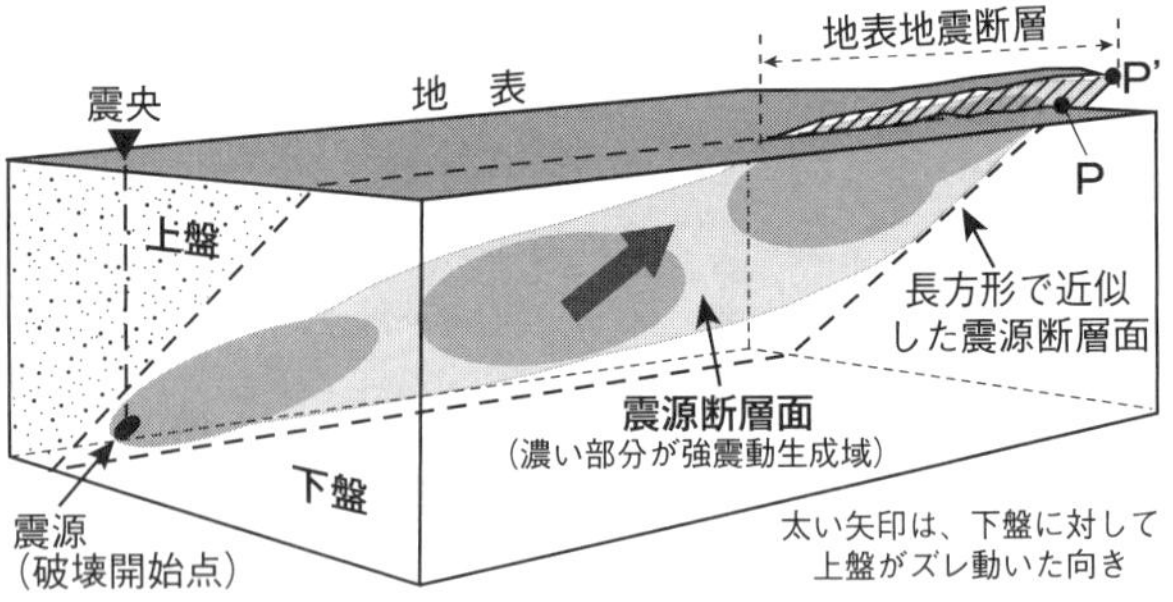

一般に震源断層面は斜めに傾いていて、「上盤」と「下盤」を区別できる。本図では、下盤のＰ点と上盤のＰ’点は、地震の前は相接していた。

わかりやすくするためにこの表記を用いる。

地震波が地表に達すると大地が揺れる。それは「地震動」と呼んで「地震」と区別する。とくに強い揺れは「強震動」という。

地学では一般に、地層が面によって切断され、両側のブロック間に「くい違い」（ズレ）が生じている状態を「断層」といい、ズレる（くい違う）運動を「断層運動」、切断面を「断層面」と呼ぶ。地震の場合はとくに、ズレ破壊の面を「震源断層面」という（図4）。したがって地震の本体は震源断層面であり、地震は「震源断層運動」である。

震源断層面は大地震ほど広大なのだが、面全体で一挙にズレるわけではない。どこか一カ所でズレ破壊が始まり、それが急速に（毎秒二〜三キロの高速で）拡大して最終的な震源断層面ができる。それは、古傷の途中で止まってしまうこともあるし、隣接する別の古傷を巻き込む場合もある。破壊の衝撃は岩石の振動となり、地震波として地球内部を猛スピードで四方八方に伝わる。拡大するズレ破壊の先端から地震波が放出され続ける。放出の継続時間＝震源断層面の形成時間＝震源断層運動の所要時間を、「震源時間」という。

よく耳にする「震源」（その直上の地表の点が「震央」）というのは、ズレ破壊の出発点（破壊開始点）にすぎない（図4）。地震が大きくなるほど、震源よりも、震源断層面が拡《ひろ》がっている領域を意味する「震源域」のほうが重要である。震源域は地下の領域を指すことも、それに対応する地表の範囲を指すこともある。

震源断層面はけっして一枚の綺麗《きれい》な面ではなくて複雑な形状だろうし、面全体でズレが一様なわけではない。一般に、大きくズレる（とくに激しく破壊する）領域がパッチ状に分布している。そういう領域はより激しく地震波を放出して強震動をもたらすので、「強震動生成域」と呼ぶ（図4、「アスペリティ」ということもある）。特定の地震に関して、破壊開始点の位置、強震動生成域の分布とズレの量、ズレ破壊の拡がり方といった具体的プロセ

図5　M7、8、9クラスの地震の規模の大まかな比較

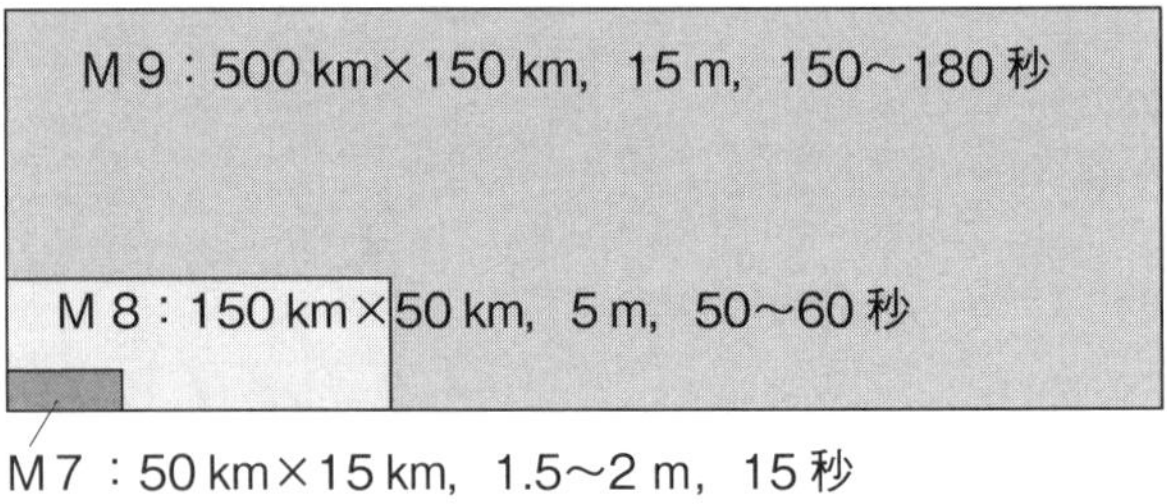

数字は順に、震源断層面の長さ×幅、平均的なズレの量、震源時間（あくまでも目安）。

スを「震源破壊過程」という。しかし大まかには、震源断層面を長方形で近似して（40ページ図4）、面全体で平均的なズレが生ずるとみなすことができる。

今日では、大地震が起これば、震源域近傍および世界中に届いた地震波と、48ページで述べる地震時地殻変動の観測データを用いて、震源破壊過程の具体像（震源断層モデル）が短時間で求められる。しかし、将来発生する地震の震源断層モデルを的確に想定することは不可能で、それに依存する地震動の分布を詳細に予測することもむずかしい。

地震の大きさをマグニチュード（M）で表すが、大まかには震源断層面の大きさを反映している。図5に、M7前後、8前後、9前後の地震の大きさの比較を示す。Mが2大きくなると、震源断層面の長さ、幅、ズレの量、震源時間がいずれも約一〇倍になることが重要である。そしてエネルギーは約一〇〇〇倍になる。なお、M8前後以上の地震を「巨大地震」と呼ぶことがある。

以上の知見を「プレートテクトニクス理論」だとして批判する技術者などがいるが、[*6] 理論と観測に裏付けられた地震学の成果であって、地球全体の変動論の「プレートテクトニクス」とは関係がなく、完全な誤解である。プレートテクトニクスについては第四章で簡単に触れる。

地震がもたらす現象（1）—地震動

地震がもたらす現象としては、第一に揺れ（地震動）が注目されるが、ズレの直撃と、広範囲に及ぶ岩盤の変形も忘れてはならない。津波も重要だが本書では触れない。

第一の地震動に関して、それを生ずる地震波には、P波、S波、表面波（地球の表層だけを伝わる波）の三種類がある。震源域を同時に出た地震波は、P波がいちばん速く進み、S波、表面波の順に遅れる。一般的に、構造物などに被害を及ぼすのはおもにS波である（ときにはP波も無視できない）。激しい地震動（強震動）は、構造物を直接損傷するほかに、液状化・斜面崩壊などの地盤災害を生じ、それがまた構造物に被害をもたらす。液状化とは、水をたっぷり含んだ砂礫《されき》層が強震動で泥水状になって支持力を失い、構造物が傾斜・転倒したり浮き上がったりする現象で、最近も大地震のたびに発生している。

各地の揺れの強さは、日本では気象庁の震度階級（以下、震度）で表している。現在は震度計で観測された計測震度にもとづく*7（表4）。表には、各震度での人体感覚、屋内や建物の状況、土地の変状などの主要な点も示した。歴史地震による震度も、史料の記述をこのような状況に照らして、現行の尺度におおむね合致するように推定できる。ただし、例えば震度6強といっても、計測震度6・0から6・4まで、強さに幅がある。

さらに重要なのは、地震動（と、その元の地震波）には「周期」（揺れが一往復する時間）と「振動継続時間」という本質的な属性があることで、同じ震度6強でもそれらが異なると構造物への影響などが変わってくる。地震波は、おもに周期〇・一秒くらいから数秒程度までが混じり合っているのだが、一般に、地震が大きいほど、遠方になるほど、地盤が軟らかいほど、長周期が卓越する。

振動継続時間は、地震が大きいほど震源時間（地震波を放出する時間）が長いから、当然

表4　気象庁の震度階級と揺れの状況

震度階級	計測震度	揺れの状況のおもな点（すべてではない）
0	0.5未満	人は揺れを感じない。
1	0.5以上 1.5未満	屋内で静かにしている人の中には、揺れをわずかに感じる人がいる。
2	1.5以上 2.5未満	屋内で静かにしている人の大半が、揺れを感じる。
3	2.5以上 3.5未満	屋内にいる人のほとんどが、揺れを感じる。
4	3.5以上 4.5未満	ほとんどの人が驚く。電灯などのつり下げ物は大きく揺れる。座りの悪い置物が、倒れることがある。
5弱	4.5以上 5.0未満	大半の人が、恐怖を覚え、物につかまりたいと感じる。棚にある食器類や本が落ちることがある。固定していない家具が移動することがあり、不安定なものは倒れることがある。亀裂や液状化、落石やがけ崩れが発生することがある。
5強	5.0以上 5.5未満	物につかまらないと歩くことが難しい。棚にある食器類や本で落ちるものが多くなる。固定していない家具が倒れることがある。補強されていないブロック塀が崩れることがある。耐震性の低い鉄筋コンクリート造建物の壁・梁・柱などに、ひび割れ・亀裂が入ることがある。
6弱	5.5以上 6.0未満	立っていることが困難になる。固定していない家具の大半が移動し、倒れるものもある。ドアが開かなくなることがある。壁のタイルや窓ガラスが破損、落下することがある。耐震性の低い木造建物は、瓦が落下したり、傾いたりすることがある。倒れるものもある。がけ崩れや地すべりが発生することがある。
6強	6.0以上 6.5未満	はわないと動くことができない。飛ばされることもある。固定していない家具のほとんどが移動し、倒れるものが多くなる。耐震性の低い木造建物は、傾くものや、倒れるものが多くなる。耐震性の高い鉄筋コンクリート造建物でも、壁・梁・柱などに、ひび割れ・亀裂が多くなる。大きな地割れが生じたり、大規模な地すべりや山体崩壊が発生することがある。
7	6.5以上	耐震性の低い木造建物は、傾くものや、倒れるものがさらに多くなる。耐震性の高い木造建物でも、まれに傾くことがある。耐震性の低い鉄筋コンクリート造の建物では、倒れるものが多くなる。耐震性の高い鉄筋コンクリート造建物でも、1階あるいは中間階が変形し、まれに傾くものがある。

気象庁の資料(注7)にもとづいて筆者が作成。

長くなる。40ページ図4と42ページ図5を見くらべると、M8や9の巨大地震は、もっと小さな大地震が複数連発するようなものではないかという気がするが、実際にそうである(M7級地震でも)。複数の強震動生成域のズレが順調に連鎖してもM8で約一分、M9で約三分の震源時間になるわけだが、連鎖的ズレの間に何一〇秒かの停滞が生じることがあり、その場合は震源時間が延びて、地表の揺れも長くなる。また、地震波の伝播や地下構造の影響で各地の振動継続時間はさらに延び、激しい衝撃が何回か襲う形になる。

いっぽう地盤も構造物も、いちばん揺れやすい「固有周期」という特性をもっている。岩盤は〇・一秒程度、埋立地などは一秒以上である。地盤は、固有周期付近の地震波と「共振」して、その周期付近の地震動を増幅する。構造物の固有周期は、目安として、木造二階建で約〇・三秒、鉄筋コンクリート五階建ビルで〇・四秒弱、鉄骨三〇階建の超高層ビルで約三秒、巨大な吊り橋《つばし》で十数秒などである。ただし、強い揺れで損傷すると固有周期が長くなることなどから、周期一～二秒の強大な一揺れが家屋の倒壊などを生じやすい。また、関東、濃尾《のうび》、大阪などの平野は数秒～一〇秒程度の周期の地震波を増幅しやすく、とくに巨大地震では長周期強震動が長時間続く。これは、超高層ビルや長大橋、大型オイルタンクなどに大きな影響を与える。

以上の要因が複雑に絡み合って、同じ震度6強でも被害の様相・程度はさまざまとなる。このことは第四章と第六章の南海トラフ巨大地震において重要である。

地震がもたらす現象（2）―ズレの直撃と岩盤の変形

第二に、ズレの直撃も重要である。震源域が浅い地震のMが7に近いかそれ以上の場合、地下のズレ破壊が地表にまで及んで（震源断層面が地表に顔を出して）、地表にもズレ（断層変位ともいう）が生じることが多い（40ページ図4）。その結果、延々と崖ができたり、道路や谷筋が横にくい違ったりする。これを、その特定の地震に伴う「地表地震断層」という。ズレが土木・建築構造物を直撃すれば、構造物が切断されることもあり、強震動に耐えるように造ってあっても大被害を受けることは容易に想像できるだろう。

地震の大きさによって、また地表に顔を出すのが震源断層面の全体か一部かによって、地表地震断層の長さは一㎞以下だったり、何十㎞にも及んだりする。日本で過去最大のものは一八九一（明治二四）年濃尾地震（M8・0）に伴うもので、延長約八〇㎞、最大の縦ズレ約六ｍ、横ズレ約八ｍに達した。[*8] 地表地震断層は「活断層」と混同されがちだが、両者は違う概念で、きちんと区別しなければいけない。これについては次章で説明する。

地震がもたらす現象の第三として、広範囲に及ぶ岩盤の変形がある。これは、地下の広大な震源断層面の両側が大きくくい違えば必ず生じる。その結果、Ｍ８クラスであれば、震源域から一〇〇㎞以上離れていても、岩盤の中のひずみ（変形の度合い）と応力（地下の至るところに働いている力）が変化する。それは、岩盤中の大小無数の割れ目（多かれ少なかれ水を含む）を閉じたり開いたりして、地下水の移動を生じたりする。大地震が起こると、かなり遠方でも井戸の水位が上下したり、温泉の湧出が変化したりするが、多くはこのためである。変形は地表にも現れ、「地震時地殻変動」と呼ばれる。広域の地面の水平移動や隆起・沈降が精密な測量で検知され、海岸では上下変動が目視でも認められる。

「リニアは地震に強い」は疑問

リニアの地震安全性に関するＪＲ東海の主張や、実用技術評価委員会と中央新幹線小委員会の追認には、いくつもの疑問がある。

まず、列車は電磁力でガイドウェイの中心に保持されているから地震でも脱線しないとか、早期地震警報システムが速やかに列車を減速・停止させるから安全というのは、実際の大地震時には成り立たない場合が少なくないだろう。

高速走行中に停電しても、列車の超電導磁石と側壁の浮上・案内コイルの間に働く電磁力によってしばらく浮上走行・中央保持が続くのは確かだろう。だが、地震警報システムで列車が急減速すれば、浮上・案内コイルの誘導電流が弱くなって磁力が落ち、浮上力も中心保持力も失われる。地震の規模（M）や震源域との位置関係によっては、そうなった後、まだ時速一〇〇～数一〇キロ程度で接地走行しているところに主要動が到着して、ガイドウェイと列車が激烈な上下・左右の揺れに襲われることが起こりうる。左右のストッパ輪（ないし案内車輪）が車両と側壁との直接衝突を防ぐというが、ガイドウェイと車両の揺れ方の違いによって両者が激しくこすれ合ったり激突したりして、両方が損傷するおそれがある（車輪が壊れたうえで）。激震動が長く続けば、衝突で側壁が倒れることもあるのではないだろうか。

最新の耐震基準に従って設計・建設するという高架橋や橋梁《きょうりょう》も、阪神・淡路大震災や東日本大震災の際の強震動が最悪だったわけではないから、それらを超える強震動（よく参照される最大加速度値だけではなく、周期成分、振動継続時間、振動の速度、最大揺れ幅などを総合した威力として）に襲われて損壊する可能性を否定できない。高架橋のガイドウェイでは、上下・左右方向のほかに回転するような振動（左右への傾斜の反復）も列車に悪影響を与えるかもしれない（このあたりのことは第四章でも述べる）。

　地下では地震動が弱いというのは一般的には確かである。しかし、だからどこでも大深度地下トンネルは地震に強いといえるかは疑問だ。また、換気と非常通路を兼ねる立坑《たてこう》が問題である。トンネルと地表の間の地層の状態によっては、強震動や液状化（とくに液状化した地層が横に何ｍも移動する側方流動）によって損壊するおそれが皆無とはいえない。品川駅・名古屋駅・新大阪駅も、深い構造物は無事だったとしても、地表との間で被害が生じて地上との連絡が絶たれれば、駅の機能が失われ、大災害になるかもしれない。

　山岳トンネルは地震に強いといわれる。しかし、地震規模が大きかったり、震源域に近かったり、断層破砕帯などの不良地山《じやま》区間だったりすれば被害が起こりうる。[*9]一九九五年の阪神・淡路大震災（兵庫県南部地震（Ｍ７・３）による）では、五本の活断層を横切る六甲トンネル（延長約一六㎞）において、活断層はズレ動かなかったが、難工事を強いられた断層破砕帯部分を中心に、天井や側面の内壁（覆工《ふっこう》コンクリート）が圧縮破壊などにより剥落して散乱した。*10 二〇〇四年新潟県中越地震（M6・8）では、震源域に近いか直上の上越新幹線の妙見《みょうけん》トンネル（延長一・五㎞弱）と魚沼《うおぬま》トンネル（延長約八・六㎞）で、覆工コンクリートが大きく剥落したり、路盤・軌道がかなり隆起したりした。*11 二つの地震とも、強震動の継続時間は十数秒足らずだった。揺れがもっと長く続けば被害はさらに大きくなっただろう。二〇一一年の東日本大震災では、地震動が長く続いたのにトンネルの被害はひどくなかったが、*12 これについては以下のような重要な注意点がある。

37ページで触れたように、東日本大震災における東北新幹線の被害は、第一八回小委員会で国交省から報告された。それによると、大宮駅（埼玉県）～いわて沼宮内《ぬまくない》駅（岩手県）の五三六㎞の区間で、電柱の折損ほかの被害が多数発生したが、営業列車の脱線や、高架橋・橋梁・トンネルなどの大被害はなかった。これは、阪神・淡路大震災と新潟県中越地震による被災を踏まえて構造物の耐震性能を強化し、列車緊急停止システムと脱線防止装置を導入したことが功を奏したのだと強調された。しかし、M9・0で震度6弱以上が広範囲だったのに構造物に甚大な被害がなかったのは、鉄道に限ったことではなく、建物の全半壊率も低かった。その大きな要因は、地震動の卓越周期が〇・五秒以下と短かったためだと考えられている。[*13] 同じ小委員会でJR東海は、東北新幹線の被害に照らしても、自社の東海道新幹線とリニア新幹線の地震対策に追加すべき点はないと述べたが、第四章でみる南海トラフ巨大地震では足をすくわれる可能性がある。

地震動以外に、大地震では広域で必ず生じるひずみ・応力の変化によって、大深度地下トンネルでも山岳トンネルでも、地質や水脈によっては、異常出水が起こってトンネルが破壊して水没するという事態が起こらないとはいえない。

いちばん恐ろしいのは、路線直下で大地震が発生し、ズレ破壊が路線を直撃することである。ガイドウェイが切断されて大事故が生じることがありうるが、その対策は何も考えられていない。これについては次章であらためて論ずる。

政府審議会の構造的問題

小委員会が、中央新幹線の「より安全で環境負荷の少ない」ルートと走行方式を選定するためには、地震だけではなく、気象・地質・地盤などの災害に対する安全性や、自然・社会環境への影響を、それぞれの専門家を加えて徹底的に審議すべきであっただろう。いくつかのワーキンググループを設けてもよかったかもしれない。しかし、実状はその正反対だった。国交省は、始めからＪＲ東海の意向を汲《く》んで、同社の計画が通るような委員を集めて会議を進めたのではないかとさえ疑われる。

これは、日本におけるあらゆる開発計画の根本的な問題の一つであるだろう。計画を前提とした行政が、開発指向の国土計画・都市計画などの専門家を審議会の委員にして開発計画を決定する。環境対策や安全対策は、決定された計画の枠内での形ばかりの安全弁として、二次的におこなわれるにすぎない。

かつての個々の原子力発電所が、まず電源開発調整審議会で国策民営の計画どおりに決定され、そのあとで耐震審査がおこなわれるために、地震学的にみれば根本的に危険な場所にも建てられてしまったという構図[*14]と同じである。

第三章　活断層が動けばリニアは壊滅する

「活断層を横切ることが心配です」というQ

ＪＲ東海は、リニア中央新幹線に関する「平成二四年、二五年の説明会における主なご質問」というウェブページに「活断層を横切ることが心配です」というＱ（質問）を掲げ、以下の三条の回答を記している。*1

・昭和四九年から当時の国鉄が、また平成二年からは当社と鉄道建設公団が地形・地質調査を行っており、これまで長期間、広範囲にわたり綿密にボーリング調査等を実施し、関係地域の活断層の状況について十分把握しています。

・日本の国土軸を形成する新幹線や高速道路といった幹線交通網は、広域に及ぶ長距離路線という性格から、すべての活断層を回避することは現実的ではありません。

・したがって、中央新幹線のルートの選定にあたっては、これまでの調査に基づき、活断層はなるべく回避する、通過する場合は活断層をできる限り短い距離で通過するようにし、さらに活断層の形状等を十分に調査したうえで、通過の態様に見合った適切な補強を行っていくなど、注意深く配慮して工事計画を策定していきます。

だが、これらの回答に対しては、「十分把握」していたとしても危険性は除去されていない、「活断層を回避」しなくてよいほど必要不可欠な路線なのか、「注意深く配慮して」いるとは思えない、という反論が容易にできる。

本章では、リニア中央新幹線が活断層に関して非常に心配であることを、「活断層とは何か」を含めて丁寧に説明していきたい。

地震と活断層

日本列島の陸域の大地震は、ほとんどが深さ一五〜二〇㎞より浅い「上部地殻」(88ページに出てくる陸のプレートの最上部)で発生する。そこでは、山地や盆地の形成といった地殻の変動を生ずる「造構力」が、おおむね水平に、絶えず働いている（プレートの運動に起因）。その方向は地域によって異なるが、同一地域では少なくとも最近約五〇万年程度はほぼ一定している。日本列島は、約一五〇〇万年前に概形ができてからもさまざまな変動を受けてきたが、第四紀（約二五八万年前から現在まで）になって、とくに約五〇万年前以降、現在と同じ変動が続いているのである。

前章で、地震は地下の「古傷」のズレ破壊（震源断層運動）だといった。造構力は、ゆっくりとではあるが古傷への圧迫を強めていき、固着していた古傷が耐えきれなくなるとズレ破壊を起こす。ズレ破壊した古傷はゆっくり癒着して再び固着するが、造構力は働き続けるから、何千年か経過するとまたズレ破壊する。

ところでズレ破壊には図6のように基本的な四タイプがある。上部地殻の中のどこでも、そこでの造構力の方向・大きさと、そこより上の岩石層の重みによって、いちばん強い圧縮（相対的な圧力）の方向と、いちばん弱い圧縮（相対的な張力＝引っ張る力）の方向がおおむね決まっていて、それらとほぼ四五度をなすズレ破壊が起こる。

四つのタイプは、圧力・張力が水平である場合の「横ズレ」と、どちらかが鉛直である

図6　断層運動の基本的な４タイプ

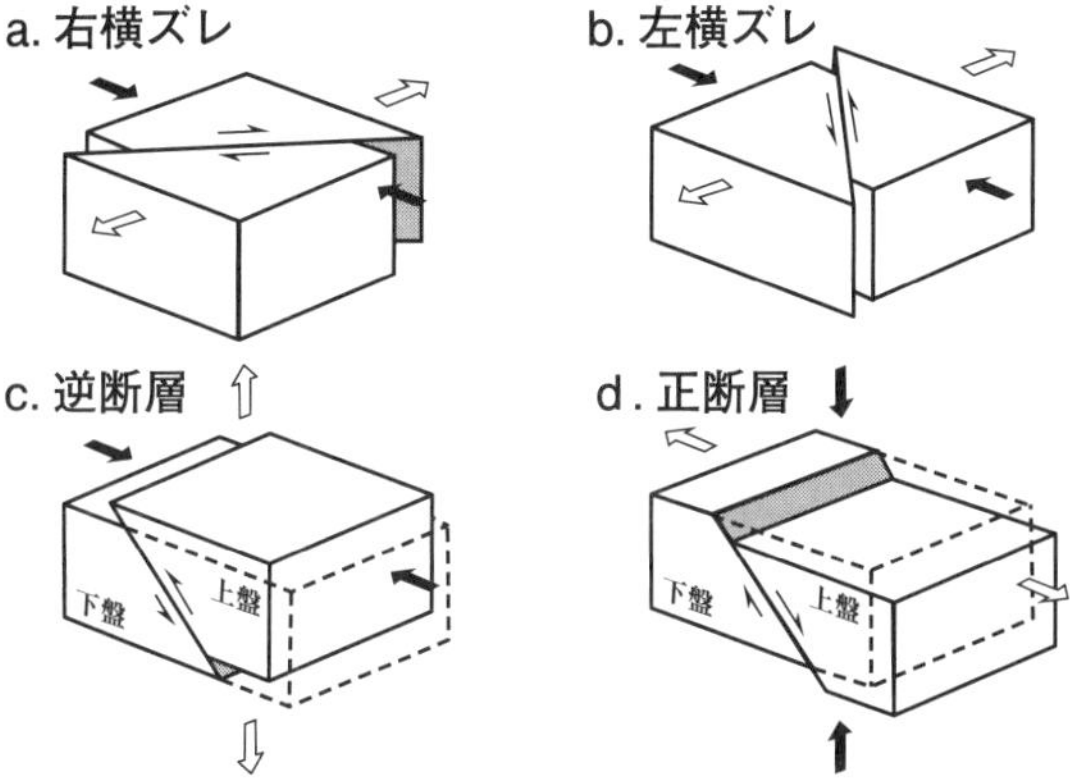

細い矢印は断層面の両側のブロックがズレ動く（変位する）向き。黒矢印は圧力、白矢印は張力。

場合の「縦ズレ」に二大別される。横ズレには、破壊面の向こう側が右に動く「右横ズレ」（どちら側から見ても同じ）と、左に動く「左横ズレ」がある。縦ズレには、水平に圧力があるときの「逆断層」と、水平に張力があるときの「正断層」がある。傾斜した破壊面の上側を上盤、下側を下盤と呼ぶが、両者の間が逆断層では縮み、正断層では伸びる。実際は、圧力・張力が完全に水平ではなくて、横ズレと縦ズレが合わさって起こることも多い。40ページ図４の場合は「右横ズレ逆断層」である。以上のタイプ分けは、地震のズレ破壊（震源断層運動）だけでなく、地質学が扱う古い断層などにもあてはまる。

さて前章で、M7弱くらい以上の浅い大地震が起こると「地表地震断層」が出現することが多いと述べた。地下の同じ古傷がくり返し大地震を起こし、毎回のように地表地震断層が現れれば、破壊のタイプは変わらないので（造構力が一定だから、右横ズレが左横ズレに変わるようなことはない）、地表のズレが累積する。例えば、五〇万年間に平均五〇〇〇年ごとにM7の地震が起こり、地表のある区間に毎回一・五m程度の横ズレが生ずれば、その区間では古い尾根筋や谷筋が同じ向きに約一五〇mくい違うような地形ができることになる。縦ズレの地震がくり返されれば、ある区間に顕著な崖地形ができる。なお、逆断層の場合には、地表地震断層が出現しなくても、地下の震源断層面の上端が浅ければ地表に撓《たわ》みが生じ、それが累積すると撓曲崖《とうきょくがい》という地形ができる。

そのような最近の地質時代の地形が認められ、その成因が河川の浸食などではなくて地下の断層運動の累積だと判断されれば、その地下で過去くり返し大地震が起こったことになり、この地形を作った古傷（断層）を「活断層」と呼ぶ。活断層は、第一義的には地表の地形によって認識されて線を引かれるが、地表の線だけではなくて、地下に面的に拡がっていると想定される。「最近の地質時代」の範囲は研究者によって異なるが、長くて第四紀、短くても過去五〇万年間くらいである。

造構力は働き続けているから、活断層は当然、将来もズレ動いて大地震を起こすと考えられる。なお、活断層は海域にもあるが（海底活断層）、本書では陸域のみに注目する。

活断層の評価

日本における活断層の調査・研究は一九六〇年代後半から活発におこなわれるようになった。七五年に発足した「活断層研究会」が、八〇年に研究成果の集大成を刊行したが、九一年には、その後の資料を増補して『［新編］日本の活断層―分布図と資料』*2を出版した。それから三〇年が過ぎ、多くの新たな調査・研究がなされてきたが、現在でも同書が日本列島の活断層の基礎資料になっている。

活断層の認定は「変動地形学」が基本になる。変動地形学とは、堆積・浸食作用や火山活動によってではなく、地殻の変動によって形成された地形を研究する科学である。空中写真を立体視して「断層変位地形」（断層でズレた地形）を見つけることが出発点だが、地表調査による変位地形・断層露頭《ろとう》の確認や、群列ボーリング調査（複数の細く深い穴を掘って地下の地層を採取し、くい違いを調べる）、地震波構造探査（人工的に振動を地下に送り、地下の地層構造を調べる）なども併用される。活断層によっては変位地形が浸食されて不明瞭で、地下の地層のズレによってはじめて確認されるものもある（平野の柔らかい堆積層に覆われている場合も同様）。活断層の推定線をまたいで大きな溝を掘り、地層の断面を作って調べる「トレンチ調査」はとくに重要である。

形成年代が異なる複数の地形面や地層が、古いものほど大きくズレていて、それぞれの年代とズレの量（くい違い量）がわかるという好条件に恵まれれば、「最新活動時期」（最後に地震を起こした時期）、「平均活動間隔」（地震をくり返した平均的な時間間隔）、「平均変位速度」（平均して、例えば一〇〇〇年あたり、何mズレたか）が推定できる。最新活動時期と平均活動間隔がわかれば、最後の地震発生から現在までの時間が平均活動間隔の何%かがわかって、次の地震の発生確率が推計できる。発生する地震の規模（M）は、一般に活断層の長さが長いほど大きい（77ページ以降で述べる重要な問題があるが）。

政府の地震調査研究推進本部（以下、地震本部）は、陸域の浅い地震の長期的な確率評価をおこなうために、全国の陸域（一部沿岸海域）の一一四の主要活断層帯について、既往の調査・研究成果をまとめて長期評価をおこない、ウェブで公開している。[*3] ここでいう「主要活断層帯」とは、全国に約二〇〇〇あるとされる活断層からある条件のものを選び、隣接する複数の活断層をある基準で一つのグループにまとめたもので、活動度や社会的影響を考慮して選定された（大地震は複数の活断層にまたがることが多い）。

ただし、活断層全般に関して、不明な点や不確実な点が少なからずあり（詳細な位置や長さについて見解が分かれることが少なくないし、名称も研究者によって異なることはよくある）、内陸地震の予測にとって万能ではない。だが逆にいうと、得られている知見については、不確かさも理解したうえで十分に尊重すべきである。

活断層に切られた丹那《たんな》トンネル

活断層と交差して土木・建築構造物を造れば、その活断層が活動（大地震を発生）したとき、地表地震断層が生じてズレが直撃し、激しい揺れに耐える強度があったとしても破壊されるおそれが強い。鉄道はその最たるものの一つである。

鉄道施設が活断層で切断された有名な事例としては、北伊豆断層帯の丹那断層が引き起こした一九三〇（昭和五）年北伊豆地震（M７・３）の際の、東海道本線の丹那トンネル（静岡県、熱海駅・函南《かんなみ》駅間、延長七・八㎞）がある。まだ掘削中で大惨事は免れたが、ほぼ東西方向のトンネルが、南北走向・左横ズレの断層運動によって約二mくい違った。『丹那隧道《ずいどう》工事誌』[*4]や久野久《くのひさし》氏の論文[*5]によれば、西側の函南口からの掘削は丹那断層の幅約四〇mの破砕帯で難航し、何本もの水抜き坑が掘られて、南第三水抜き坑が断層鏡《きょう》面《めん》（鏡肌《かがみはだ》とも、断層運動の摩擦で鏡のように磨かれた断層面）にぶち当たっていた。ところが、ちょうどこの切羽《きりは》（坑道の先端）で北伊豆地震の断層運動が生じたために、向かい側（熱海側）の地塊が北に約二・一m動き、右（南）側から新鮮な鏡面が出てきたという。

ただしトンネル内の断層鏡面は北西走向だった。久野氏は、地表で認められる丹那断層の南北方向のズレはトンネルの破砕帯中の北西方向・南北方向の多数の局部的ズレの総和であるらしく、地表に断層がない地点でもトンネル内には割れ目などがあったと述べている。一般に、トンネルを横切る活断層が活動すれば、トンネル内はある程度の幅で破壊される可能性があり、とくに縦ズレでは広範囲に傾動が生ずると思われる。

丹那トンネルは、地震後に湾曲させて東西をつなぎ、一九三四（昭和九）年に開通した。なお、五〇m北側に東海道新幹線の新丹那トンネルがほぼ平行に通っているが、これは戦時中の弾丸列車計画ですでに約二㎞掘られていたものを利用している。

活断層を無視した中央新幹線小委員会

要するに鉄道や道路では、トンネル区間であれ明かり区間（トンネル以外の区間）であれ、活断層を横切れば、それが活動したときに致命的被害を受けるおそれがある。

鉄道総研の『基礎構造物の耐震設計マニュアル（Q&A）』[*6]は「断層による地表変位をどのように考慮すればよいか？」という主旨のQを掲げ、断層変位の影響は「例えば、活断層位置が明確で地上構造物が活断層と交差する場合には、（中略）落橋防止対策の強化、構造物の高強度化などの対策が考えられる」としながらも、「断層変位に対しては、設計的な対応だけでなく、交通システムの代替性などソフト面からの対策も併せて考慮する必要がある」と解説している。土木・防災工学の常田賢一《ときだけんいち》氏も、土木構造物の地震断層対策の姿勢として、断層のズレが小さければズレを「吸収」あるいは「追従」する構造にすればよいが、ズレが大きい場合には計画段階で構造物の位置を変えたり路線を迂回《うかい》させたりして断層を「避ける」ことになるとしている。*7

したがって小委員会は、より安全な中央新幹線のルートや走行方式を審議するうえで、候補となるルート沿いの活断層の分布や特性を十分審議すべきであった。中部〜近畿地方には活断層が密集しており（66〜67ページ図7参照）、すでに多くの重要な交通網がこれらと交差したり併走したりしているが、中央新幹線という基幹路線を新設するのであれば、活断層学・地震学・耐震土木工学による検討が必要不可欠であろう。在来型にするかリニアにするかに関しても、被災と復旧の両面から活断層問題を考えるべきであった。とくに、主要な活断層と交差する区間をトンネルにしてよいかどうかは重大問題である。

しかし、審議はまったくなされなかった。第一回・第二回小委員会の資料が活断層に言及しているが、施工の観点からだけである。第八回小委員会（二〇一〇年九月二九日）で報告されたパブリックコメント（同年七月三〇日〜八月二八日実施）のなかに中央構造線や糸魚川《いといがわ》—静岡構造線という大断層を懸念する意見があり、第一五回小委員会（一一年二月一日）で報告された「中間とりまとめに関するパブリックコメント」（一〇年一二月一六日〜

一一年一月一四日実施）にも同様の意見があったが、それらは無視された。ＪＲ東海の活断層に関する見解は、本章の冒頭に書いたとおりである。なお、糸魚川―静岡構造線は本州中部をほぼ南北に横断する古い大地質構造線で、そのかなりの部分に沿って活断層が分布する。中央構造線も古い大規模な地質構造線だが（１０４ページ参照）、リニア路線付近は活動度の低い活断層とされている（68ページ）。

こうして、ＪＲ東海は66〜67ページ図7のように、いくつもの顕著な活断層をほとんどトンネルで横切るリニア中央新幹線（品川・名古屋間）の路線を決定した。

二〇一六年五月の参議院国土交通委員会において、リニア中央新幹線（品川・名古屋間）の活断層に対する安全性について質疑がおこなわれたが、委員の質問に対して文部科学大臣官房審議官は、同線が図7の1〜6の六断層帯と交差することを認めた。そして国交省鉄道局長は、個別の活断層のズレに対する評価はしていないことを認めた。[*8]

ちなみに、活断層を考慮した鉄道建設としては、山陽新幹線の新神戸駅の事例が有名である。[*9] 同駅は、種々の条件から六甲トンネルと神戸トンネルの間のわずか四六〇ｍの明かり区間に決まり、諏訪山《すわやま》断層の上に位置することになった（計画決定は一九六〇年代半ばで、

と、路線と交差する主要活断層帯（1～12の太実線）

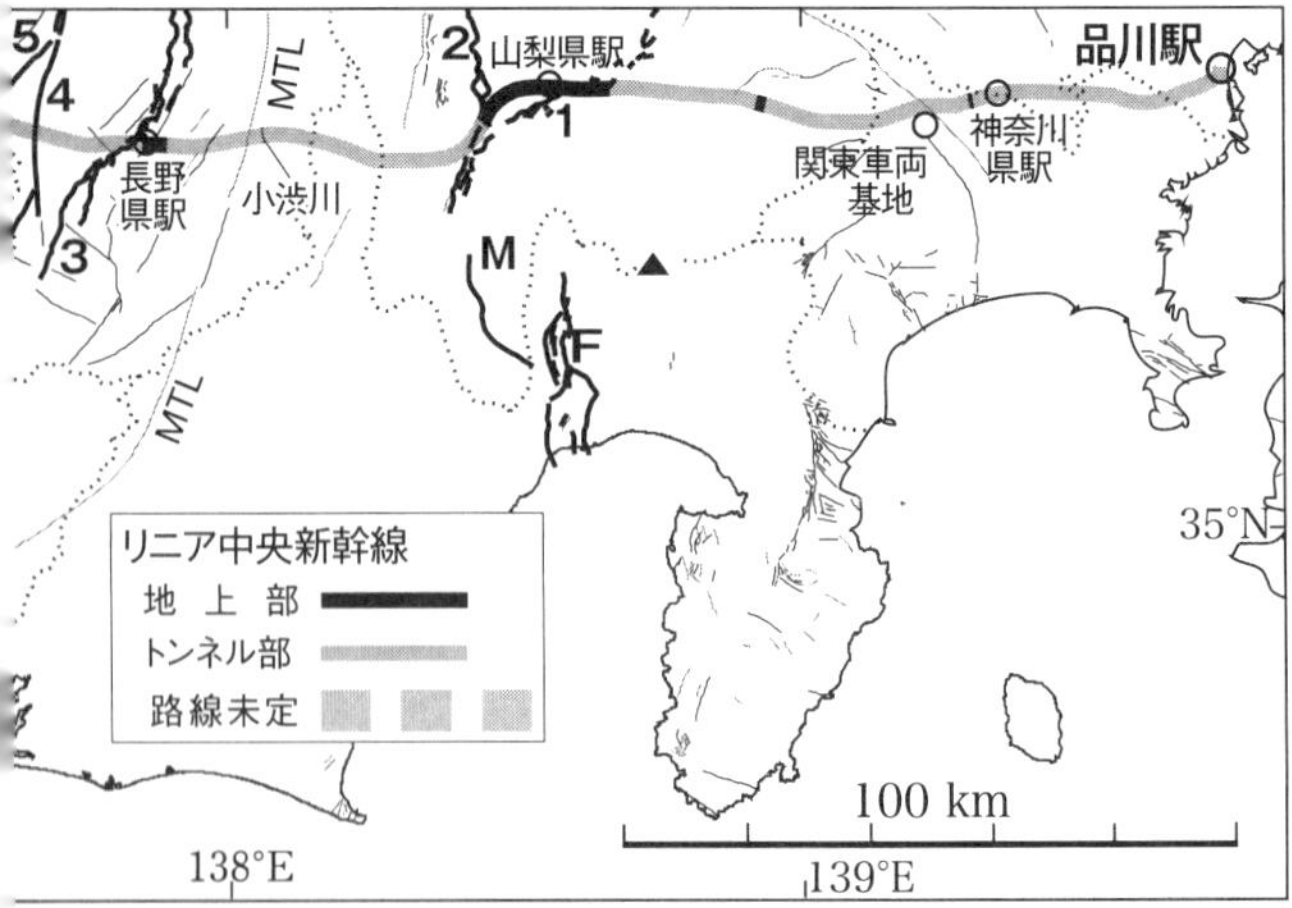

主要活断層帯の富士川河口断層帯（F）と身延断層（M）、および『[新編]日本の活
た。MTL は中央構造線。

六甲山地の断層は知られていたが活断層研究はまだ盛んではなかった）。ところが、同駅の基礎工事中の一九七〇年に見事な断層面が発見され、たぶん歴史時代に活動した活断層で将来も活動する可能性のあることが明らかになった。[*10] このとき新神戸駅の設計は完了していたが、事態を重くみた国鉄（当時）は設計を白紙に戻し、断層がズレ動いた場合の影響を極小にするような構造に変更したのである。なお、阪神・淡路大震災を生じた九五年の兵庫県南部地震の際には諏訪山断層はズレ動かず、新神戸駅

図7　リニア中央新幹線の路線（名古屋・大阪間は概略）

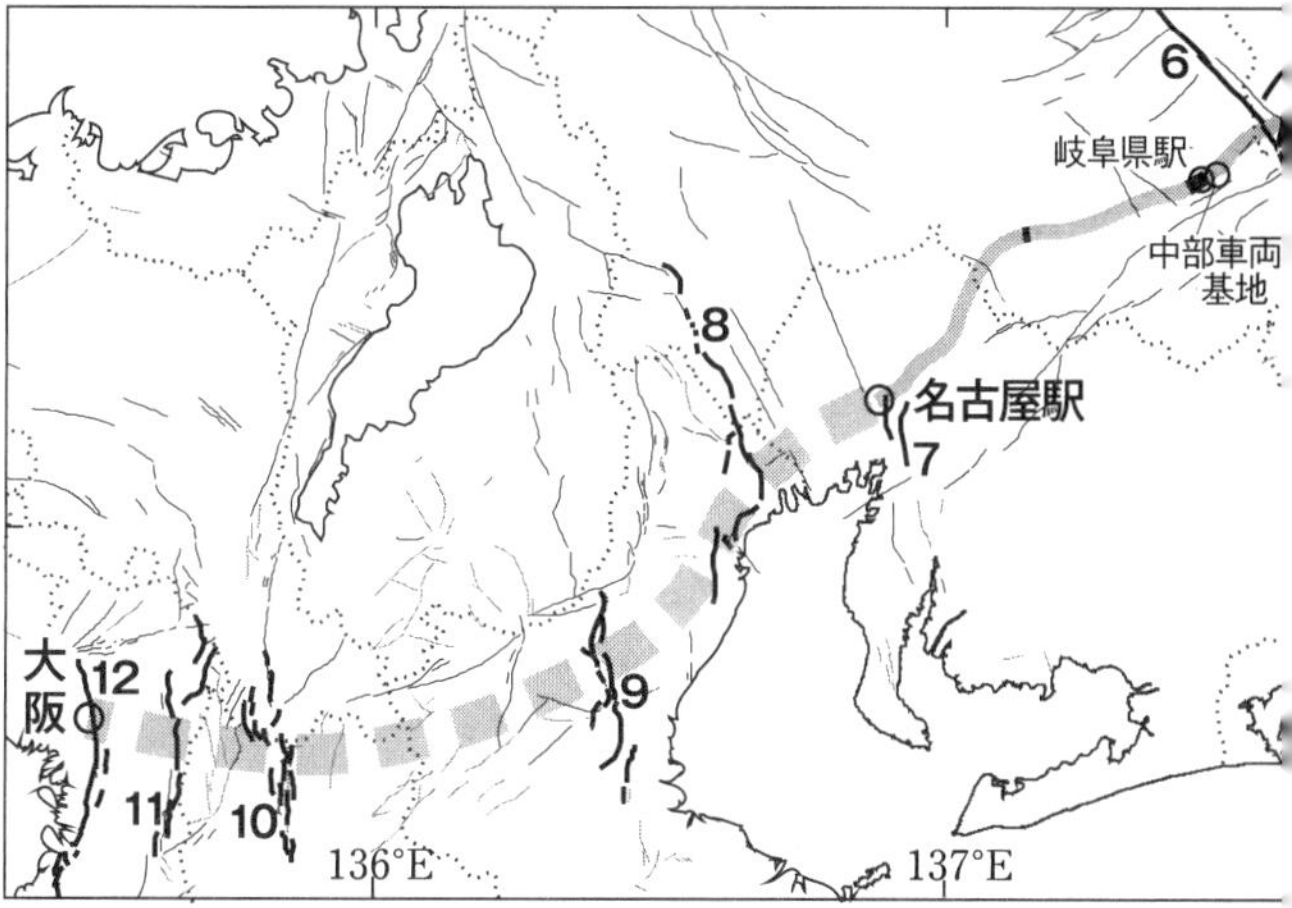

リニア路線については本文参照。主要活断層帯（1〜12）は表5、6に対応している。
断層』（注2）所収のA級・B級活断層（細実線）とC級活断層（薄い細実線）も示し

は無事だった。

リニアが横切る主要活断層帯

図7に、リニア中央新幹線の品川・名古屋間の路線と名古屋・大阪間の路線概略（未定）、および地震本部が長期評価した主要活断層帯でリニア路線と交差するもの（1〜12の太線）を示す（ただし、7の笠寺《かさでら》起震断層は産業技術総合研究所の活断層データベース[*11]による）。また、次章で言及する富士川《ふじかわ》河口断層帯（F）と身延《みのぶ》断層（M）も太線で表示した。

品川・名古屋間のリニア路線は、

JR東海の『環境影響評価書のあらまし』の路線概要図[*12]をトレースした。名古屋・大阪間については、具体的ルートはまだ決まっていないが、整備計画では奈良市付近を通るとされ、小委員会答申の参考資料に「中央新幹線ルート範囲図」があるので、それを参考にして概略を描いた。

活断層は、前出の『[新編]日本の活断層』に収録されているA～C級のものもすべて細線で表示した。A～C級とは、平均変位速度（一〇〇〇年あたり）による活断層の「活動度」で、A級（一～一〇m未満）、B級（〇・一～一m未満）、C級（〇・〇一～〇・一m未満）と分類されている。さらに「確実度」による分類もあるのだが、それは表現しなかった。同じ活断層で地震本部のトレースと微妙に異なる場合には、地震本部のトレースで代表した。なお、図のMTLが中央構造線だが、リニア路線がトンネルで横切る部分は『[新編]日本の活断層』によればC級で、地震本部の主要活断層帯には入っていない。

66～67ページ図7の主要活断層（帯）の1～7については表5に、8～12については70ページ表6に、概要を掲げる。細部に関してはいろいろな問題点・注意点があるのだが、図と表では基本的な位置や概要を示した。典拠は、7以外は、FとMを含めて、前出の地

表5　リニア中央新幹線（品川・名古屋間）が横切る主要な活断層（帯）の概要

番号	名称	形態	活動性
1	曽根丘陵断層帯	甲府盆地南縁、ENE-WSW走向、L約32km、南東側隆起の逆断層	M：7.3程度（地表の段差・撓み2〜3m）、V：約1m／千年（上下）、T：概ね2〜3千年、A：約10千年前以後、P：1％、データが不十分
2	糸魚川—静岡構造線断層帯南部区間	長大な断層帯の南部、ほぼN-S走向、L約48km、西側隆起の逆断層が主体	M：7.6程度（地表の段差・撓み3m程度）、V：約1m／千年（上下）、T：約4.6〜6.7千年、A：約2.5〜1.4千年前、P：ほぼ0〜0.1％
3	伊那谷断層帯主部	木曽山脈東縁、概ねNNE-SSW走向、L約79km、西側隆起の逆断層	M：8.0程度（地表の段差・撓み6m程度）、V：約0.2〜1.3m／千年（上下）、T：約5.2〜6.4千年、A：14〜18世紀*、P：ほぼ0％
4	清内路峠断層帯	木曽山脈南部、概ねN-S走向、L約34km、右横ズレ主体か	M：7.4程度（右横ズレ3m程度）、過去の活動不明、P：不明
5	木曽山脈西縁断層帯主部の南部	ほぼN-S走向、L約8km、右横ズレ主体	M：6.3程度（1m未満程度の右横ズレ）、V：不明、T：約4.5〜24千年、A：約6.5〜3.8千年前、P：ほぼ0〜4％
6	阿寺断層帯主部の南部	NW-SE走向、L約60km、左横ズレが卓越、東側隆起成分あり	M：7.8程度（4〜5m程度の横ズレ）、V：約2〜4m／千年（横ズレ）、T：約1.7千年、A：1586年の可能性**、P：ほぼ0％
7	笠寺起震断層	N-S走向L約12km東側隆起の逆断層	V：0.2m／千年、T：8.2千年か、具体的データなし、P：約0.4％

本表の記述の典拠については本文を参照。L：断層帯の長さ、M：断層帯全体が同時に活動する場合の地震規模、V：平均変位速度、T：平均活動間隔、A：最新活動時期、P：今後30年以内の地震発生確率。*石橋注：14〜18世紀にM8.0程度の地震が発生した歴史地震学的証拠はない、**石橋注：否定する歴史地震学の研究結果がある（本文参照）。

表6　リニア中央新幹線（名古屋・大阪間）が横切る可能性の高い主要な活断層帯の概要

番号	名称	形態	活動性
8	養老—桑名—四日市断層帯	養老山地と南の丘陵地の東縁、NNW-SSEからN-S走向、L約60km、西側隆起の逆断層	M:8程度（地表の撓み約6m）、V:3〜4m/千年（上下）、T:1.4〜1.9千年、A:13〜16世紀、P:ほぼ0〜0.7%
9	布引山地東縁断層帯西部	布引山地の東縁、ほぼN-S走向、L約33km、西側隆起の逆断層	M:7.4程度（地表の段差2〜3m程度）、V:0.15m/千年程度（上下）、T:17千年程度、A:約28〜0.4千年前、P:ほぼ0〜1%
10	奈良盆地東縁断層帯	奈良盆地東縁とその北方、ほぼN-S走向、L約35km、東側隆起の逆断層	M:7.4程度（地表の段差・撓み3m程度）、V:0.6m/千年程度（上下）、T:約5千年、A:約11〜1.2千年前、P:ほぼ0〜5%
11	生駒断層帯	生駒山地西縁、ほぼN-S走向、L約38km、東側隆起の逆断層	M:7.0〜7.5程度（地表の段差等2〜4m程度）、V:0.5〜1m/千年（上下）、T:3〜6千年程度、A:400〜1000年AD頃、P:ほぼ0〜0.2%
12	上町断層帯	豊中市〜岸和田市、ほぼN-S走向、L約42km、東側隆起の逆断層	M:7.5程度（地表の段差・撓み3m程度）、V:約0.4m/千年（上下）、T:8千年程度、A:約28〜9千年前、P:2〜3%

本表の記述の典拠については本文を参照。L:断層帯の長さ、M:断層帯全体が同時に活動する場合の地震規模、V:平均変位速度、T:平均活動間隔、A:最新活動時期、P:今後30年以内の地震発生確率。

震本部の「主要活断層帯の長期評価」に掲載の各断層帯の評価（数値の一部を地震本部の最新の資料[*13]で修正）、7は産業技術総合研究所の活断層データベースである。

品川・名古屋間に関して、69ページ表5のP（今後三〇年以内の地震発生確率）だけを見ると、どの断層も大地震発生の可能性が低いと思うかもしれない。しかし地震本部は、活断層で起こる地震は発生間隔が数千年程度と長いから、Pは大きな値にはならず、値が小さくても地震が発生しないことを意味するわけではないと注意している。実際、二〇一六年熊本地震は、Pが不明とされていた日奈久《ひなぐ》断層帯（高野《たかの》—白旗《しらはた》区間）で四月一四日の前震（M6・5）が起きたし、Pがほぼ〇～〇・九%とされていた布田川《ふたがわ》断層帯（布田川区間）で一六日の本震（M7・3）が発生した[*14]。

地震本部は、Pが三%以上を「Sランク」、〇・一～三%未満を「Aランク」としている[*15]。3の伊那谷断層帯主部と6の阿寺《あてら》断層帯主部の南部はZランク（Pが〇・一%未満）、4の清内路《せいないじ》峠断層帯はXランク（P不明、すぐに地震が起きることが否定できない）だが、5の木曽山脈西縁断層帯主部の南部はSランク、1の曽根《そね》丘陵断層帯と2の糸魚川—静岡構造線断層帯南部区間はAランクである。

6の阿寺断層帯主部の南部は、長期評価では一五八六年天正地震（M7・8）で活動した可能性があるとされ、そのためにPがほぼ〇％なのだが、天正地震を詳しく調べた松浦律子氏は、阿寺断層は活動しなかったと結論している。[*16] まだ不明な点があるが、今後何十年も大地震を起こさないと断定はできない。

名古屋・大阪間では8〜12の五本の活断層帯と交差する可能性が高い。これらはすべて山地や台地と低地の境をなす逆断層である。トンネルで横切ることが多いと予想され、これらが活動した場合の影響は甚大だろう。10の奈良盆地東縁断層帯と12の上町《うえまち》断層帯はSランクであり、8の養老―桑名―四日市断層帯、9の布引《ぬのびき》山地東縁断層帯西部、11の生駒《いこま》断層帯はAランクである。

次章で説明するように、南海トラフ巨大地震の前後にこれらの活断層のどれかで大地震が起こる可能性は、けっして低くはない。とくに2の糸魚川―静岡構造線断層帯南部区間は、南海トラフ地震と同時に活動するおそれもある。

「リニア活断層地震」の惨状

東海道新幹線においては、南海トラフ巨大地震が発生して66～67ページ図7の富士川河口断層帯（F）が連動したとき、そのなかの入山瀬《いりやませ》断層が同線の富士川鉄橋の真下を通っているから、最悪の場合は鉄橋が切断され、西側が何mか隆起する。列車が疾走していれば、定員一三〇〇人の一六両が引きちぎられ、跳ね上げられて、河原や川岸に叩《たた》きつけられる。超大型旅客機が墜落したような惨状を呈するだろう。

しかし、それでもまだ、リニア中央新幹線と交差する活断層で大地震が発生するよりはましだろう。ひとえに明かり区間であるからだ。多数のクレーン車を投入し、人海戦術で車両を切断し、残骸を吊り上げ、乗客の救出にあたることができる。路線の復旧も、困難ではあろうが、一～二年で何とかなるかもしれない。

リニア中央新幹線の場合は、図7の断層帯のどれかでM7前後以上の大地震が起こると、そうはいかない。ほとんどはトンネル内でズレ破壊が起こる。現場を疾駆する列車がいても早期地震警報システムは用をなさない。地震発生と同時に、トンネルと列車がある幅で切断される。逆断層が多いが、その場合は何mかの段差を生じるだけではなく、隆起側が斜めに沈降側にのし上げる形になり、地盤の短縮が生じる（57ページ参照）。山岳トンネルは路盤から天井までが七・七ｍだが、その半分近くがくい違ってしまうことも起こる。列車はちぎられ、砕かれて、一部が地山に咥《くわ》え込まれてしまうだろう。

時速五〇五キロが瞬間的にゼロになったとき、断層運動に直接巻き込まれなかった車両であっても、シートベルトもなしの乗客がどうなるのだろうか。最寄りの斜坑も破壊されてしまえば、救助隊はトンネル坑口から入るのだろうが、ズレ破壊した断層から離れたトンネル内でも損壊が多かったり（とくに逆断層の隆起側）、ほとんど全車両やガイドウェイが破壊し散乱していたり、大量出水があったりして、容易にズレ破壊現場には近づけないだろう。余震が頻発しており、大余震でトンネルの損傷が拡大するかもしれない。そもそも情報ケーブル類が切断され、どこで何が起きたかわからないのではなかろうか。

悪夢の大惨害の期間が過ぎたあと、復旧に関しても、明かり区間ならば何とか可能性を探れるかもしれないが、トンネル区間では困難を極めると思われる。二〜三ｍ以上横ズレした場合でも、逆断層で大きな段差と広範囲の傾動が生じた場合でも、長距離にわたる再掘削が必要になるだろう。しかし、地震の規模、被害の程度、地質条件などによって、またリニア新幹線に対する社会の見方などによって、最悪の場合には経費的・技術的制約も含めて、復旧せずに廃線にするという判断も強いられるかもしれない。

私は、南海トラフ巨大地震に対する東海道新幹線のバックアップとしては、次章でみるようにそもそも甲府盆地と名古屋は非常に危険だと思うが、どうしても両地を通るのであれば、諏訪と伊那谷を経由して明かり区間をできるだけ多くした在来型新幹線方式がよいと考えていた。それでも活断層を回避することはむずかしいだろうが、地震被害を低減でき、被災した場合の救助・復旧の困難さが著しく減るはずである。

地震を起こさなくても活断層は危険

活断層は、活動（地震を発生）しなくても、大きな影響をリニア中央新幹線に与えるおそれがある。第一は、小委員会もJR東海も言及している工事の困難性である。

活断層沿いは幅数一〇～数一〇〇mの破砕帯が存在する場合が多く、トンネル掘削では、破砕帯が軟弱で地下水が集まりやすいために、高圧水の大量噴出や地山・切羽の崩壊などが生じて、難工事になることが少なくない。

一般に長大トンネルの工事では、大局的なルートが決まってから極力詳細な地質調査をおこない、顕著な破砕帯や地下水地帯が予想されれば、それを避けるようなルートを設定する。しかし、掘ってみないとわからない部分もあるので、工事途中でルートを変更することもある。例えば、上越新幹線中山トンネル（群馬県、高崎駅・上毛高原《じょうもうこうげん》駅間、全長約一五㎞）は、事前の地質調査が不十分だった直線ルートで工事が進められたが、途中で大出水に悩まされ、結局、曲線状の迂回ルートとなって設計速度が時速一六〇キロに抑えられ、現在でも上越新幹線のネックになっているという。[*17]

リニア新幹線の場合は、難工事箇所が現れたとき、最小曲線半径八〇〇〇mという制約（33ページ表3）があるから、ルート変更せずに強行突破しようとするかもしれない（表3の「地形上等のためやむをえない場合　八〇〇〇m」の適用がありうるのだろうか）。だが強行突破の場合には、次の第二の影響にさらされることになる。

第二は、トンネルであれ明かり区間であれ、活断層沿いでは地震の揺れが特異的に強くなることがある。トンネルの場合、活断層の破砕帯を最新技術で強行突破したとしても、開業後にやや離れた場所で大地震が起きたとき、地震動が破砕帯で増幅され、地山のひずみ変化による地下水の状態変化も加わったりすれば、トンネルの破砕帯部分の覆工の損傷や出水が起こりやすくなるだろう。とくに次章で述べる南海トラフ巨大地震の際に、赤石《あかいし》山地の南アルプストンネルなどでこの種の地震被害が懸念される。

なお以上のことは、活断層ではない古い地質断層にもあてはまる場合がある。

活断層がなくても大地震が起こる

60ページに、活断層で発生する地震の規模（M）は一般に活断層の長さが長いほど大きいが、問題もあると書いた。それについて説明しておこう。

地震本部は、活断層の長さとMの関係を表すとされる経験式（通称、松田（の）式）を用いて将来の地震のMを予測している。実はこの式には根本的な問題があるのだが、[*18] 地表の活断層の長さが地下の震源断層面の長さとほぼ一致する場合は、大まかな目安として使ってもよい。しかし大きな問題は、地表の活断層の長さが、必ずしも地下に潜む古傷（過去および将来の震源断層面）の長さ全体を示しているとは限らないことである。

M7前後の浅い地震が起きても、震源断層面全体が地表に現れるとは限らない（40ページ図4がそういう様子を表している）。つまり、例えば震源断層面の長さは四〇㎞なのに、地表地震断層は長さ八㎞しか出現しなかった、などということが少なくない。毎回の地震でその程度の地表地震断層しか生じなければ、活断層と認識される地形も長さ八㎞程度となる。長さ八㎞を経験式に入れるとMは6・3になるが、実はM7前後の地震が起こりうるのだ。

要するに、長い活断層や活断層帯に経験式をあてはめて大きなMを予測するのはよいのだが、孤立した短い活断層があったときに小さな地震しか起こらないと思うと間違えることがある。そもそも、活断層が短くても地形に残っているということは、一回ごとのズレがある程度以上大きかったわけだから、地震のMが大きいのは当然だといえる。

非常に重要なのは、活断層の長さがゼロ、つまり活断層がなくても、大地震が起こりうることである。現に、二〇〇〇年鳥取県西部地震（M7・3、住家全壊約四〇〇棟）は活断層の知られていない場所で発生し、明瞭な地表地震断層を生じなかった。

活断層の定義が「過去にくり返し発生した地震の痕跡（地表のズレ）の累積が地表付近で確認できるもの」だから（58ページ）、大地震がくり返し発生しても毎回地表地震断層が生じなかったり、地表地震断層が生じても次の大地震までに浸食で削られてしまったりすれば、地表のズレは累積しなくて、「活断層は形成されない」のだ。したがって、活断層が認められなくてもM7クラスの地震が起こりうる。まして、M6・5程度の直下地震はどこで起こるかわからない。マスコミなどでは「陸の浅い（上部地殻内の）地震はすべて活断層で起きる」という誤解が根強いようで、多少の被害をもたらすM6程度の地震が起こり、地表地震断層が現れず対応する活断層もないと、「未知の活断層で発生」とか「M6級の地震を引き起こす活断層は地表から見えることはあまりなく」などと書きたてられることがある。しかし、活断層は「見えてこその活断層」であって、それが活断層の定義であり強みでもあるから、このような表現（認識）は間違っている。「強み」というのは、地震波などの観測データから地下の震源断層面を捉えるのはあくまで「間接的な推定」だが、活断層は、地表付近だけではあるが「目で見て直接」震源断層面を捉えるからだ。地震研究において、これら二つの手法は相補う。

　地殻の応力状態が高まっていれば、一九二五年北但馬《きたたじま》地震（M6・8、死者四〇〇余人、活断層との対応不明）の二年足らず後に二〇㎞ほど東の郷村《ごうむら》・山田断層で一九二七年北丹後《きたたんご》地震（M7・3、死者三〇〇〇人弱）が発生したように、狭い範囲で大地震が続発することもある。活断層が密集している中部～近畿地方には、活断層として認知されていない地下の古傷も多数あるはずだから、一九八四年長野県西部地震（M6・8、死者二九人、御岳山《おんたけさん》で大崩壊）のような活断層と対応づけられない大地震も起こる。

一九九八年岩手県内陸北部地震は、M6・2にすぎなかったが、長さ約八〇〇mの地表地震断層が現れて、最大約四〇㎝の縦ズレが生じた。[*19] この程度でもリニア路線を直撃すれば、ガイドウェイが破壊されて段差が生じ、列車は激突して大惨事になるだろう。

第四章　南海トラフ巨大地震から復旧できるか

出発点で考えなかった

第一回中央新幹線小委員会での最初の説明において、国交省担当者は東海道新幹線が三つの課題に直面していると述べた。その第一が「東海地震」（M8程度）への備えで、三〇年以内の発生確率が八七％であること、三〇年間に震度6強以上の揺れに見舞われる確率の高い区域（ただし、東海地震以外による揺れも含む）を東海道新幹線が走っていることが示された（なお、第二は経年劣化、第三は過密ダイヤであった）。第三回小委員会においてJR東海も、超電導リニア中央新幹線によって東京・大阪間の大動脈輸送を二重系化し、東海道新幹線の経年劣化と東海地震災害に備えたいと述べた。

最終的に小委員会答申は、「2. 中央新幹線整備の意義について」の五項目の筆頭に「三大都市圏を高速かつ安定的に結ぶ幹線鉄道路線の充実」を挙げ、「東海地震など東海道新幹線の走行地域に存在する災害リスクへの備えとなる。今般の東日本大震災の経験を踏まえても、大動脈の二重系化により災害リスクに備える重要性が更に高まった」と記した。第六回小委員会（二〇一〇年七月三〇日）で意見を述べた寺島実郎《じつろう》・藻谷浩介《もたにこうすけ》両氏も同様のことを述べている。

しかし以上の認識は、東海地震について少しも考察を加えず、状況を理解しなかったための誤りだといわざるをえない。第一回小委員会の資料4—2の図には、甲府盆地・名古屋周辺・阪奈地域も激しい揺れに見舞われることと、東南海地震・南海地震の震源域も示されていたのだから、少しでも考えれば、リニア中央新幹線が東海道新幹線よりも地震安全性が高いといえるかどうか、基本的な問題として浮上したはずである。

当時から時間がたち、研究も進んで、現在は「南海トラフ巨大地震」の脅威が現実的となった。それに対するリニア中央新幹線の安全性が問題となるが、まずは東海地方の地震防災対策の変遷をみておこう。

想定東海地震から南海トラフ地震へ

最初の「東海地震説」は一九六九（昭和四四）年に出され、東海地方東部は大地震を警戒すべき地域とされたが、七三年ごろから「東海地震＝遠州灘《えんしゅうなだ》地震」というイメージが定着し、防災対策もややのんびりしていた。地震学界の定説は、駿河湾《するがわん》地域は大地震発生能力がないというものだった。私はこれに疑問を抱いて研究を進め、七六年に、次の東海地震の震源域は駿河湾奥～遠州灘東部と考えられ、それによる災害は国家的規模となり、発生は切迫しているおそれがあるという「駿河湾地震説」を、地震予知連絡会（地震の調査研究情報を集約する当時の中心的組織、現在も存続）に報告し、地震学会で発表した。[*1]

この見方は基本的に関係者に受け入れられ、東海地震対策が大きな社会問題になった。当時は世界の地震学界で地震予知楽観論が支配的であり、東海地震も直前（数日～数時間前）に予知できるかもしれず、その実現に向けて観測・研究を強化すべきだと考えられた。このような状況下で、「想定東海地震」の直前予知を前提にした「大規模地震対策特別措置法」（通称、大震法）が七八年に制定され、七九年には六県一六七市町村が「地震防災対策強化地域」（以下、強化地域）に指定された。ただし私は、東海地震の直前予知が成功してほしいと願う一方で、予知が必ずできるわけではなく、不意打ちの場合の防災対策も重要だと考えていたから、大震法には違和感があった。

地震が起こらない一方で観測・研究が進み、防災体制への批判も強まったことから、東海地震対策の修正が図られた。二〇〇一年には想定震源域の見直しと強震動・津波高さの再評価がおこなわれ、〇二年に強化地域が八都県二六三市町村に拡大された。〇三年には「東海地震対策大綱」が策定され、予知された場合の応急対策だけでなく、予防から復旧・復興までと強化地域外を含めた対策のマスタープランが示された。

想定東海地震が起こらずに四半世紀が過ぎたころから、遠州灘西半以西で発生した一九四四（昭和一九）年東南海地震（M7・9）・一九四六（昭和二一）年南海地震（M8・0）の再来も地震対策の視野に入ってきた。〇二年七月には「東南海・南海地震に係る地震防災対策の推進に関する特別措置法」が制定され、「東南海・南海地震防災対策推進地域」の指定、被害想定、「東南海・南海地震対策大綱」の策定などがおこなわれた。

以上の経過をみれば、一〇年四、五月の小委員会の第二、三回会議で参照すべき地震情報は、想定東海地震だけではなく、想定東南海地震・南海地震も当然加えるべきであった。ところが、第三回小委員会のJR東海の資料の図は〇一年末当時の想定東海地震の震度分布だけである。そのために、東海地方東部の沿岸域だけが危険で、内陸や名古屋・大阪周辺は安全だという「思い込み」が小委員会を支配したのかもしれない。

一一年三月一一日に発生した東北地方太平洋沖地震（M9・0）とそれによる東日本大震災は政府に強い衝撃を与え、想定東海・東南海・南海地震対策にも大きな影響を及ぼした。それまでの三つの想定地震ではなく、M9・0〜9・1の最大クラスの「南海トラフ地震」を想定することになり、一二年八月には最悪ケースで死者約三二万三〇〇〇人という被害想定も公表された。それらを受けて、また一九四四・四六年から七〇年近く経過して南海トラフ全域で大規模地震の切迫性が高まってきたという認識もあって、一三年一一月に、東南海・南海地震に関する特別措置法を改正する形で「南海トラフ地震に係る地震防災対策の推進に関する特別措置法」が制定された。

なお、大震法は存続しているが、直前予知を前提にした東海地震対策は一七（平成二九）年秋に変更され、一九年五月からは気象庁が「南海トラフ地震臨時情報」を出す仕組みになった。これについては本書では触れないが、私は問題が多いと思っている。[*2]

南海トラフ巨大地震とは何か

地球表面の岩石の層は「プレート」と呼ばれる十数枚以上のブロックに分かれており、何百万年以上にわたって、それぞれがゆっくり着実に固有の運動を続けている。大山脈や海底の深い溝（海溝）の成長、大地震や火山噴火の発生などは、主として二つのプレートの境界付近に集中し、「変動帯」と呼ばれる。プレート運動の実態や歴史、それに伴う変動の仕組みなどを研究する地球科学を「プレートテクトニクス」という。

日本列島は図8に示すように、四枚のプレートがせめぎ合う変動帯の真っ只中《ただなか》にある。東日本大震災を起こした巨大地震は、太平洋プレートが年間八㎝ほどの速さで日本海溝から東北地方の地下に沈み込んでいるために発生した。なお、図8のアムールプレートとオホーツクプレートに関しては108ページ以降で述べる。

駿河湾奥〜御前崎《おまえざき》沖〜日向灘《ひゅうがなだ》沖に海底の溝が延びていて、御前崎沖以北は駿河トラフ、以西は南海トラフと呼ばれる（行政は全体を南海トラフとしている）。トラフというのは、海

図8　日本付近のプレート

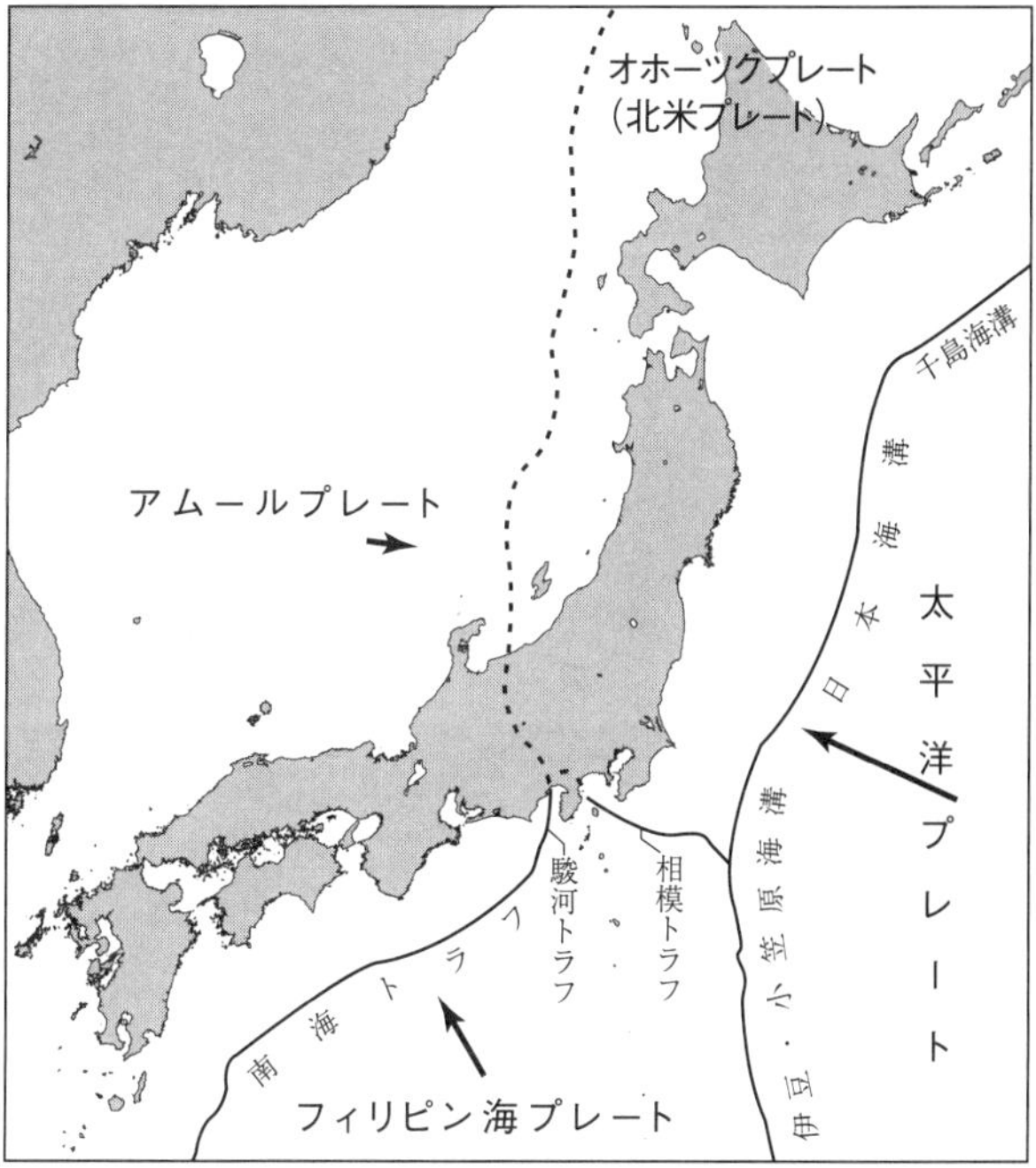

実線と破線は地表のプレート境界（破線は不明瞭を意味する）。矢印は、オホーツクプレートに対する他の 3 プレートの大まかな運動の向き（長さは速さに比例）。

溝ほど鋭くない、舟底状の海底凹地のことである。

駿河―南海トラフの南側の太平洋の岩盤（伊豆・小笠原海溝まで）をフィリピン海プレートという。それはトラフから北西向きに年間三〜五㎝の速さで西南日本の陸のプレートの下に沈み込んでおり、トラフ陸側を震源域とするM8クラス以上の巨大地震を引き起こす。それが「南海トラフ（巨大）地震」である。

フィリピン海プレートと陸のプレートの境界面はトラフ軸から北西に傾斜して深くなっているが、普段は固着しているために、陸の岩盤がフィリピン海プレートの運動に引きずられてゆっくり変形させられる。しかし一〇〇〜二〇〇年たつと陸の岩盤の変形が限界に達し、プレート境界面の広大な領域でズレ破壊が発生し、南海トラフ巨大地震になるのである。その震源断層面はプレート境界面上に広がる。

地震時に、震源断層面の上側の陸のプレートは斜め上方（海側）に五〜一〇m近くせり上がり、それまでの変形を解消する。その結果、御前崎・潮岬《しおのみさき》・室《むろ》戸岬《とみさき》などが一〜二m以上隆起する。ズレ破壊は最短でも一分くらい続き、その間じゅう莫大《ばくだい》なエネルギーの地震波が放出されて広範囲に激しい地震動をもたらす。それとともに、海底の地殻変動が巨大な津波を引き起こす。

歴史上の南海トラフ巨大地震

南海トラフ巨大地震は少なくとも過去五〇万年以上続いていると考えられるが、歴史上は九回のシリーズが知られている。

これらの歴史地震は長年多くの専門家によって調査されてきたが、私も歴史記録（史料）を丁寧に読み解きながら調べている。最近の南海トラフ地震防災に関する政府・自治体の文書やパンフレットに載っている歴史地震の履歴図[*3]は、ほとんどが私の二〇〇二年か二〇〇四年の論文の図が元になっているが、それらは古い。私自身はそれ以後も研究を続けていて、90ページ図9が最新の成果である[*4]。

この図からわかるように、過去の南海トラフ地震は、駿河―南海トラフ沿いの全域が一度にズレ破壊する場合と、東半分と西半分が別々の地震として時間差をもって続発する場合とがあった。六八四（天武《てんむ》天皇一三）年（美術史上の時代に因《ちな》んで「白鳳《はくほう》」が用いられる）、八八七（仁和《にんな》三）年、一〇九六（嘉保《かほう》三）年、一七〇七（宝永《ほうえい》四）年は、それぞれ、駿河湾

図9　歴史上の南海トラフ巨大地震の発生履歴

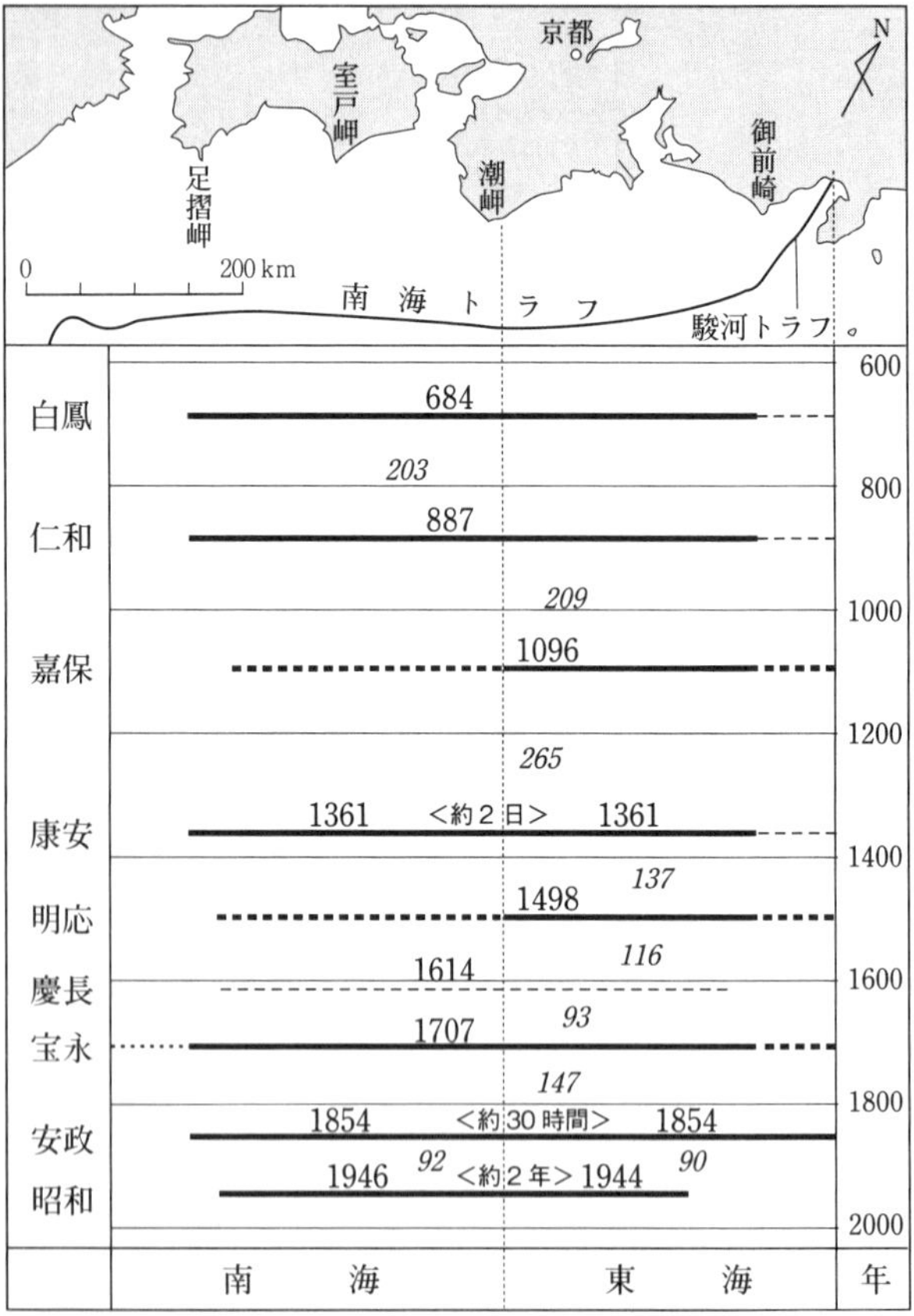

棒線は、震源域のトラフ沿いの拡がりを示す（太実線はほぼ確実、太破線は可能性が高い、細破線は可能性あり、点線は学説あり、を意味する）。立体数字は発生年、斜体数字は発生間隔（年）。＜＞内は続発の時間差。注2の石橋（2020）の図1。

から四国沖までを震源域とする一つの地震だったとみられる（「宝永型」と仮称。ただし、歴史記録の時間分解能は低いから一～二時間以内の時間差はわからない）。一三六一（康安《こうあん》元）年、一八五四（嘉永《かえい》七、地震後に改元されて安政《あんせい》元）年、一九四四・四六年は、潮岬付近から東側を震源域とする通称「東海地震」がまず発生し、約三〇時間～二年後に潮岬付近以西を震源域とする通称「南海地震」が続発した（「安政型」と仮称。なお、一八五四年の時間差は一般に三二時間とされているが、不適切である*5）。

ほかに、不確かな点の残る一四九八（明応《めいおう》七）年と一六一四（慶長《けいちょう》一九）年の地震があった。後者に関しては、私はかつて一六〇五年二月（慶長九年一二月）に南海トラフ沿いで巨大な津波地震が起きたと指摘し、それが今でも定説になっているが、現在の私自身は、それは小笠原諸島付近の巨大地震で、南海トラフ沿いでは一六一四年に小振りの地震が発生したのではないかと考えている。ただし、さらに研究が必要である。

古代・中世（一六世紀後期以前）の地震の記録は不完全なので、六八四～八八七年の二〇三年間と八八七～一〇九六年の二〇九年間の南海トラフ地震の有無は未確定だが、いくつかの理由から、なかった可能性のほうが高そうである*6。これに対して、一〇九六～一三六一年の二六五年間には未知の南海トラフ巨大地震が隠されているかもしれない。

一九七六年までは、一八五四年安政東海地震の震源域は熊野灘と遠州灘、一九四四年東南海地震の震源域は熊野灘とされ、遠州灘が一〇〇年以上大地震を起こしていないので「遠州灘地震」が切迫しているとみられていた。これに対して私は、一八五四年の震源域が駿河湾奥まで及んでいたことを指摘し、一九四四年の震源域は熊野灘〜遠州灘西半だったと推定し直し、遠州灘東半〜駿河湾が一二二年間ズレ破壊していないとして「駿河湾地震説」を唱えたのである。しかし現在となっては、「駿河湾地震」は次の南海トラフ巨大地震に含まれる可能性が高いのだろう（「駿河湾地震」が単独で起こる可能性がゼロになったとは断定できないが）。

来るべき南海トラフ巨大地震

国土地理院の最近のＧＮＳＳ（全球測位衛星システム）連続観測や、明治以来の水準・三角測量によって、フィリピン海プレートが着実に北西進していること、その沈み込みに起因すると考えられる地殻の変形が駿河湾地域では明治以来、紀伊半島や四国地域では一九四四・四六年の地震以後、続いていることが確認されている。したがって、南海トラフ巨大地震の再発は確実だといってよいだろう。

ただし、具体的にいつごろ発生するかを予測するのは不可能である。政府の地震本部は二〇二一年一月一日から三〇年以内の発生確率を七〇〜八〇％と評価しているが[*7]、確率の計算法には問題もあり、七〜一一世紀の発生間隔は約二〇〇年だったらしいから、今世紀後半以降まで持ち越すこともないとはいえない。しかしこれは、短期的な地震対策と長期的な備えを、ともにしっかりおこなうべきことを意味している。

次の巨大地震が、駿河―南海トラフ全域を震源域とする宝永型か、東と西の二個に分かれて続発する安政型かも、起きてみなければわからない。しかし、地震対策のためには最悪のケースを想定する必要がある。後述のように、政府は最大クラスとして駿河湾から日向灘沖までを震源域とするM９クラスの地震を想定している。

地震現象にかかわる観測や調査は近年飛躍的に充実し、数理理論や数値シミュレーションやデータ解析技術も格段に進歩したが、最新の地震科学が南海トラフ地震の発生の仕組みを十分に解明したわけではない。このことはよく弁《わきま》えておくべきであろう。

最大級の南海トラフ地震の推定震度分布

政府の地震本部の地震調査委員会は、二〇一三年五月に、最大クラスの南海トラフ地震（M9クラス）の震源域を推定した。[*8] それを図10に太線で示す。

推定震源域は、フィリピン海プレートと陸のプレートの境界面上にある。そのプレート境界面、すなわち西南日本の下に沈み込んでいるフィリピン海プレートの上面は、駿河―南海トラフから北西向きに傾き下がっているのだが、非常に撓んでいる。その形状について多くの研究があるが、まだ明瞭にわかったわけではない。図10では破線で深さ（等深線）が示されているが、複数の研究成果を均《なら》したもので、一種の仮定だといってもよい。

このようなプレート境界面上に拡がる震源域の深さの範囲は、トラフ軸から、深さ三〇㎞よりもやや深い部分までとされた。そして、東端は駿河トラフ軸―富士川河口断層帯（66〜67ページ図7のF）、西端は日向灘南部と想定された。

地震調査委員会と連携して作業していた内閣府の「南海トラフの巨大地震モデル検討会」（以下、モデル検討会）が、図10の震源域にもとづいて強震動・津波を検討し、一二年

図10　最大クラスの南海トラフ地震の推定震源域

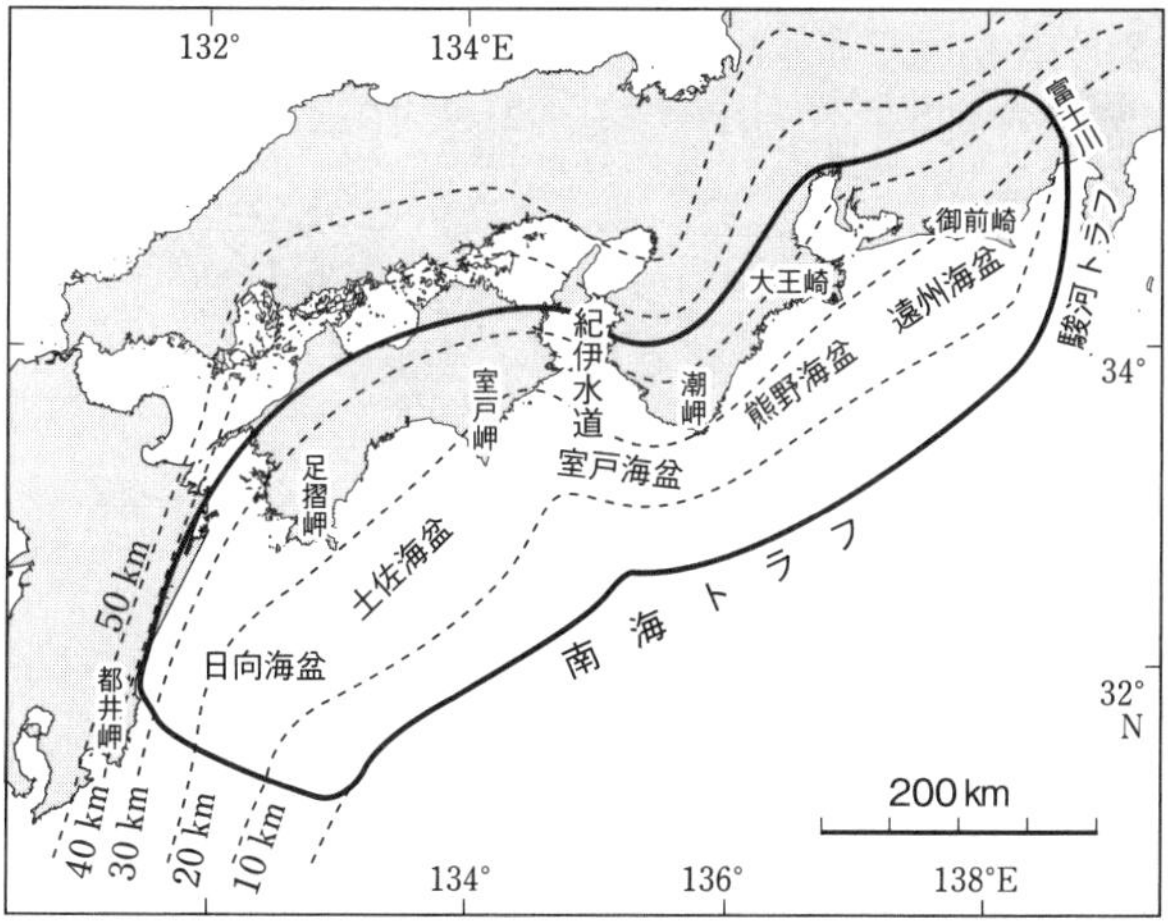

太実線が推定震源域。破線は、仮定されたフィリピン海プレート上面の等深線。地震本部の資料（注8）の図1を簡略化。

八月に第二次報告を発表したが、その「強震断層モデル編」[*9]で震度分布の推定結果を公表した。

　強震動の推計には、第二章で述べたように（42ページ）、破壊開始点の位置や、強震動生成域の分布とズレの量などを記述した震源断層モデルが必要である。将来の地震についてそれを設定するのはむずかしいのだが、モデル検討会は最新の研究成果にもとづいて、96ページ図11の「震度の最大値の分布図」を作成した。この地震のMは9・0

図11　最大クラスの南海トラフ地震の
推計震度の最大値の分布図

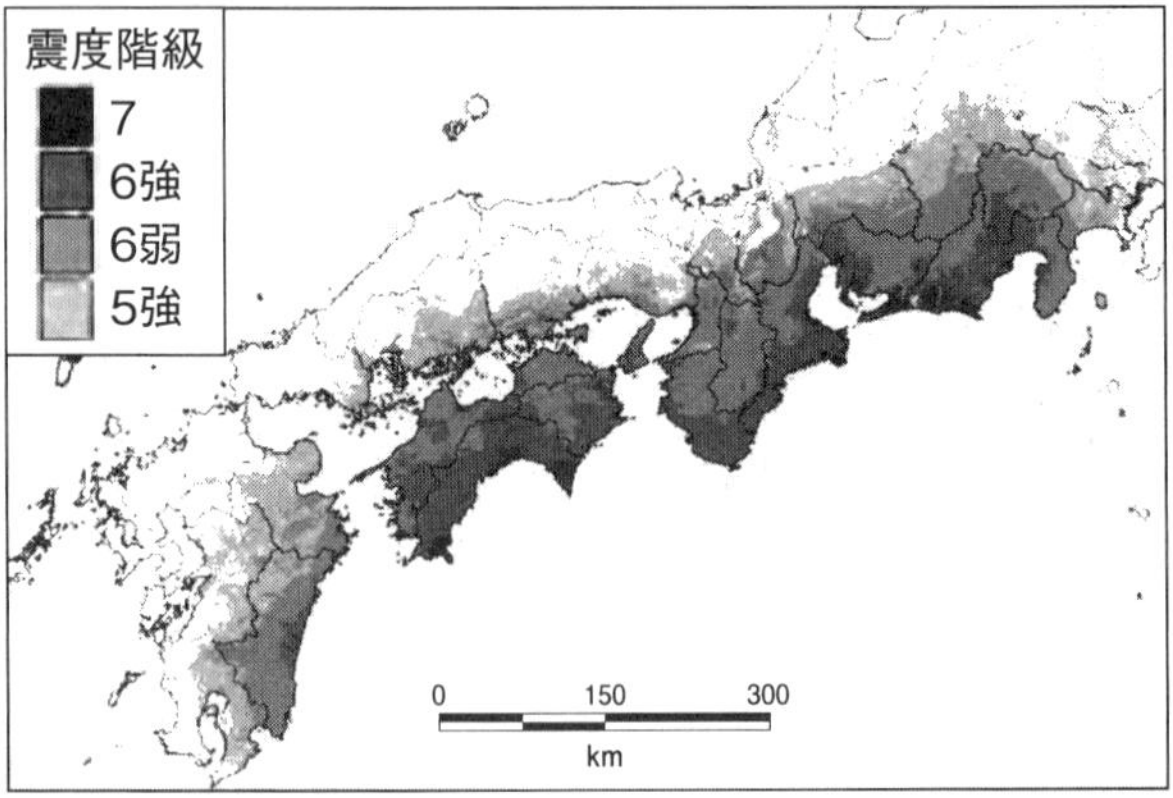

注9の資料の図5.6をモノクロ化。震度5強以上。

となる（津波については省略）。

95ページ図10と図11は、最大クラスの南海トラフ地震が地下のどのようなズレ破壊になるか、その結果どんな地震動がもたらされるかを、最新の研究成果にもとづいて推測したものである。

しかし、過大評価ではないかと考える地震研究者もいる。震源断層面を深いところまで広く想定しすぎているかもしれない、などである。確かに、不十分な知見のもとで仮定を重ねたものだから、一つの目安であることを忘れてはならない。けれども、歴史記録から推定された一七〇七年宝永地震や一八

図12　1707年宝永地震による震度分布の一部

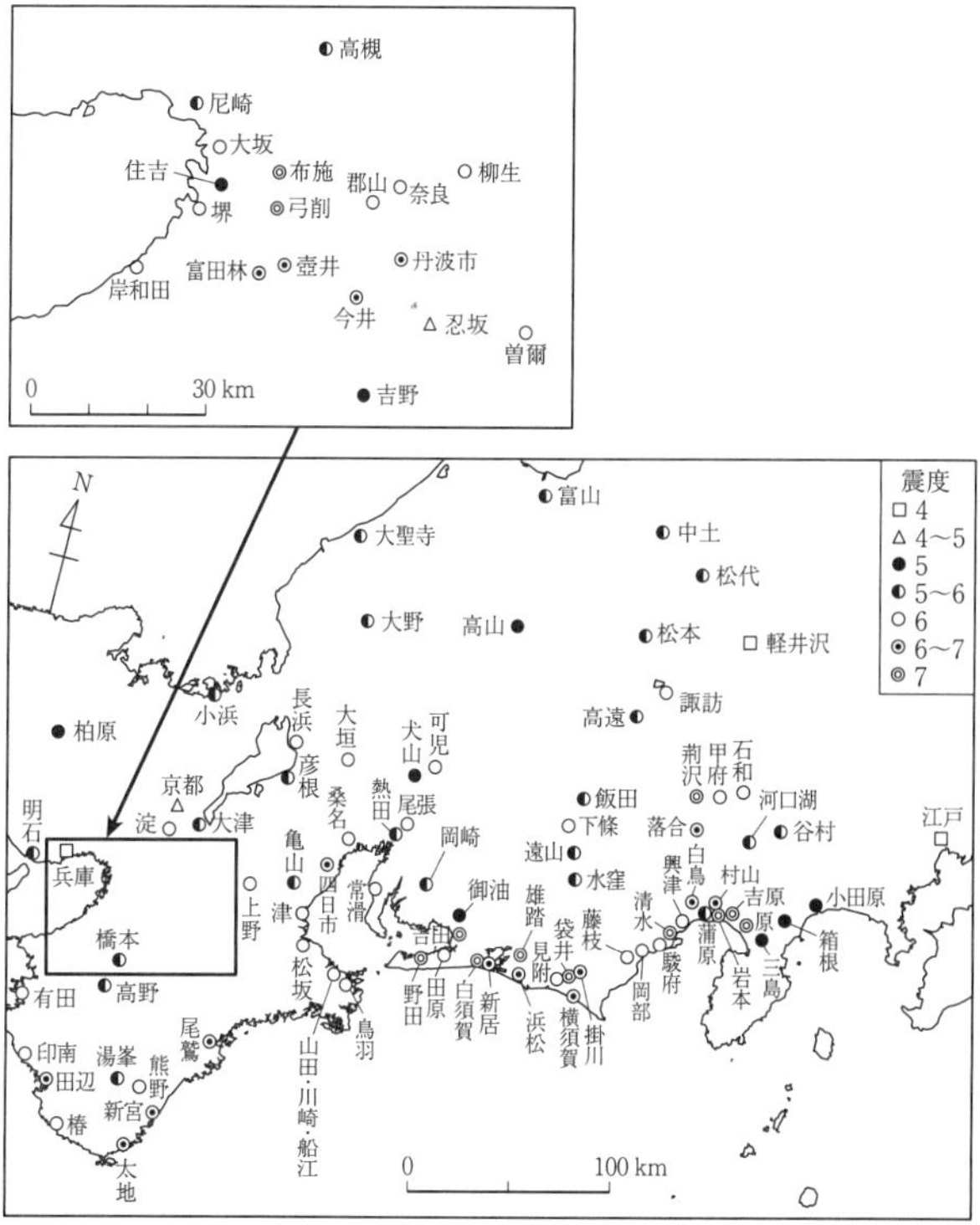

出典については注10を参照

五四年安政東海・南海地震の震度分布からみると、96ページ図11が過大評価だとはいえない。参考までに97ページ図12に一七〇七年の震度分布の一部[*10]を示しておく。

地震動によるリニア中央新幹線の被害

リニア新幹線が品川から名古屋ないし大阪まで開業したあと、営業時間帯に南海トラフ巨大地震が発生した場合を考えてみよう。

図13に、最大クラスの南海トラフ地震の推計震度分布（図11）にリニア中央新幹線の路線（66〜67ページ図7）を重ねて示す。この図から、路線の山梨県以西の大部分が震度6弱の地域にあり、甲府盆地付近や名古屋付近、三重県、奈良県・大阪府の一部では、震度6強の領域を通ることがわかる。震源域が陸域の地下まで拡がっているために（95ページ図10）内陸も激しく揺れるのであって、東日本大震災と異なる点である。図11は数一〇〇年か一〇〇〇年に一度のケースではないかという声もあるが、前述のように、むしろ平均的な揺れだと考えたほうがよい。場合によっては、局地的にこれ以上の強震動に見舞われるかもしれない。

図13　南海トラフ巨大地震の推計震度分布とリニア中央新幹線

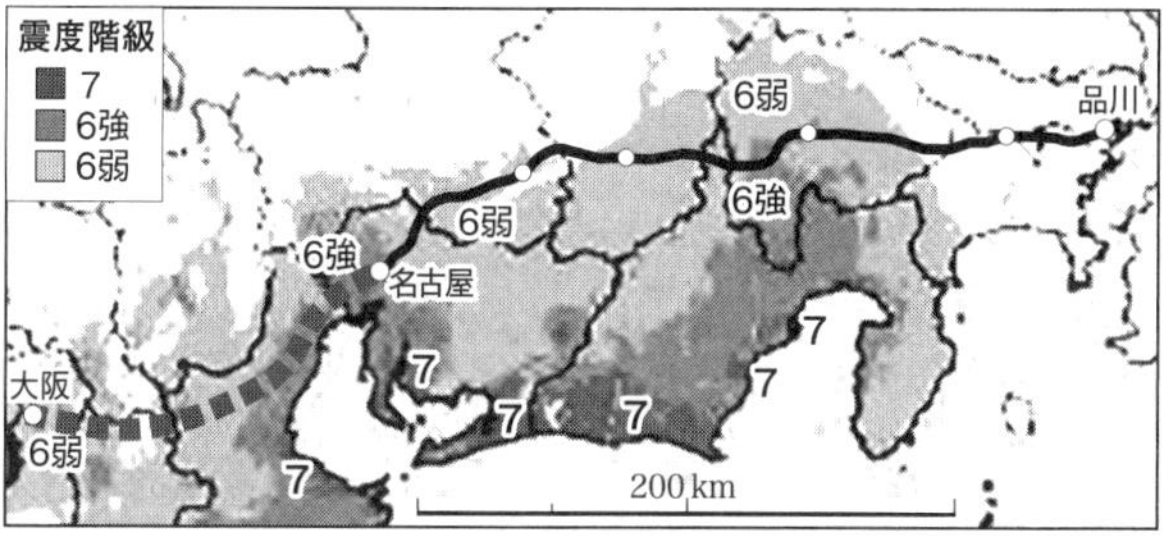

図11の震度6弱以上の分布にリニア中央新幹線の路線（図7と同じ）を重ねた。

100ページ図14は、甲府盆地付近の一八五四年安政東海地震と一九二三年大正関東地震（M7・9、関東大震災の原因）の際の震度分布を私の論文[*11]にもとづいて示している。現実に、前者で甲府盆地南西部に震度7が集中したことが重要である。なお、この論文の主眼は、甲府盆地付近の二つの地震の震度分布の系統的差異を精査して、盆地南西端がユーラシア・北米・フィリピン海三プレート（当時の認識、現在ではアムール・オホーツク・フィリピン海）の「三重会合域」の一つの端点ではないかと指摘したことだが、リニア新幹線はそのような特異な変動域を疾駆する。97ページ図12にあるように、一七〇七年宝永地震でも甲府盆地の揺れは激しかった（石和《いさわ》と甲府で震度6、荊《ばら》

図14　甲府盆地付近の安政東海地震と大正関東地震の震度分布とリニア中央新幹線

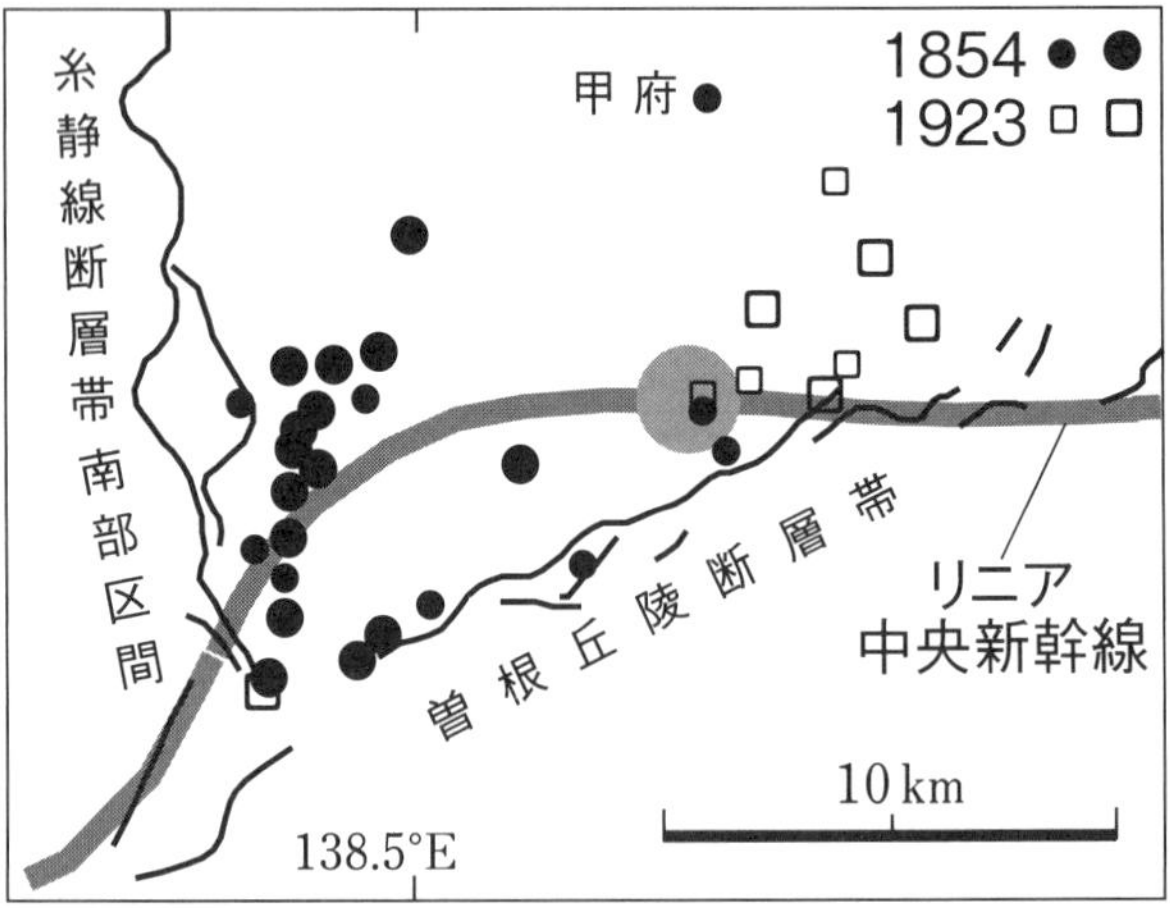

1854年安政東海地震と1923年大正関東地震による震度6〜7（現行の6強、小さい印）および震度7（大きい印）の分布は注11による。リニア中央新幹線と活断層は図7と同じ。

沢《ざわ》で震度7）から、将来の南海トラフ地震でも同様になると考えたほうがよい。

さて、南海トラフ地震の震源破壊が仮に熊野灘で始まったとすると、約一〇秒以内には中京圏・京阪神圏以南に気象庁の緊急地震速報が出ると思われるので、リニアの早期地震警報システムも作動すると推測される。全列車が空力ブレーキ・車輪ディスクブレーキも併用して緊急停止に入るだろう。停止までの時間がわからないが、第一八回小委員会でＪＲ東海は、〇・二～〇・三Ｇの加速度で減速すると述べた（Ｇは重力加速度）。時速五〇〇キロから単純に〇・二Ｇの等加速度で減速したとすれば約七〇秒で停《と》まる（小委員会翌日の新聞は、ＪＲ東海が「九〇秒前後で停止可能な設計であることを明らかにした」と報じた[12]）。

いっぽう、リニア路線の名古屋以西には、震源破壊開始後三〇秒以内からＳ波が届き始め、名古屋以東にも、東方に拡大する震源破壊からのＳ波が破壊開始後六〇秒以内から順次到達する。つまり、全列車が一斉に緊急停止を開始してから二〇～五〇秒以内くらいからリニア路線の広範囲を激しい主要動が順次襲い始め、各地で一分前後激しく揺れ続ける。強震動生成域の遅れ破壊や、本震直後からのＭ７超大余震の続発などがあれば、それらの近くではさらに衝撃的な揺れが続く。

支持車輪で着地して減速中の一六両編成・全長四〇〇ｍ弱の列車[13]は、上下・左右・前後三方向と回転の成分をもつ強震動に対してガイドウェイとは揺れ方が異なるだろうから、何一〇秒かの間には、案内車輪やストッパ輪が破壊してガイドウェイ側壁（間隙一〇㎝以下、24ページ図2参照）と激しく擦《こす》れあうことが起きるだろう。コスト低減や設置の省力化のために薄く軽量化した側壁（ユニット長一二・六m）が倒れて、列車がガイドウェイの外に飛び出すことも否定できないのではなかろうか。

震度6強以上の地域では、高架橋や橋梁の損傷や液状化被害も懸念される。二〇二一年二月一三日の福島県沖の地震（M7・3）で東北新幹線の電柱・軌道・土木設備などにかなりの被害が生じたが、約六〇カ所の高架橋中層梁損傷は長周期地震動による可能性もあるという（震度は5強程度だった）。[*14] 長く激しい主要動のうえに長周期強震動がさらに何分も続く南海トラフ地震では、JR東海の想定を超える被害が出るかもしれない。

山岳トンネルも、一般的に弱点とされる坑口で、斜面崩壊も重なって損壊が生じたり、土被《どかぶ》り（トンネル上端から地表までの土砂の厚さ）の小さい部分や断層破砕帯などの不良地山区間で被害が出たりするだろう。覆工の剥落などが起きたところに列車が来れば、大事故になりかねない。送電線・変電所や車両基地などでも被害が出る可能性がある。ガイドウェイ沿いの情報ケーブル類の断線も生ずるおそれがあり、緊急対応の致命的障害になるかもしれない。

名古屋駅付近は明治期の低湿地であり、表層地盤増幅率は二以上である。[*15] 最大クラスの南海トラフ地震では震度6強になると予想され、液状化の可能性も大きい。[16]万一、深さ数一〇mまで液状化して地盤の流動（側方流動）が起これば、駅施設が大きな被害を受けて、鉄道として機能しないおそれがある。名古屋駅の大深度地下から地表までの施設の耐震の重要性が第五回小委員会（二〇一〇年七月二日）で愛知県知事からも指摘された。

名古屋以西はルートや明かり区間の長さが不明だが、地震の揺れが激しくて被害が懸念されるのは品川・名古屋間以上である。全線を通じて、大深度地下トンネルが必ずしも無事だとはいえず、地下駅や立坑の浅い部分の地盤被害・強震動被害も懸念される。

赤石山地とは

本書では広義の赤石山地を、『南アルプス学術総論』[17]に倣って、甲府盆地西方の巨摩《こま》山地とその南方の身延山地、富士川支流の野呂川《のろがわ》～早川を隔てた西側の狭義の赤石山脈、および中央構造線を挟んだ西側の伊那山地の集合とする。JR東海の工事実施計画によれば、リニア中央新幹線は甲府盆地から四つの南巨摩トンネルで巨摩山地を抜け、早川橋梁を越えて長さ二五㎞の南アルプストンネルに入る。これを抜けると短い橋で小渋川《こしぶがわ》を渡り、長さ一五㎞の伊那山地トンネルを通り、天竜川を渡って飯田市の長野県駅に着く。
赤石山脈の地層の大部分は、日本列島がアジア大陸の縁辺に位置していた約二億年～二〇〇〇万年前に、海洋プレートの沈み込みに伴って形成された「付加体《ふかたい》」という海底の堆積物である。伊那山地との境界の中央構造線（四国西方から関東地方に至る地質構造の大規模な境界）も一億年以上前にできた。二千数百万年前になると大陸の縁辺が割れ始めて日本列島の前身が徐々に南に押し出され、約一五〇〇万年前に現在の東北日本が反時計回りに、関東地方以西の西南日本（プロト西南日本と仮称）が時計回りに、それぞれ急速に回転・南下して、日本海が生まれるとともに現在の日本列島の基本的な形ができあがった。
このとき、南下するプロト西南日本の東部が、南にあったプロト伊豆弧（伊豆・小笠原諸島の先祖）に衝突し（バックする車が後続車にめり込まれるような形）、当時の中部地方から関東地方にかけてほぼ真《ま》っ直《す》ぐだった地層の帯状構造が、中央構造線も含めて、北に凸に大きく湾曲した――私はそのように考えている。[*18] そのとき、地層が横方向に曲がっただけではなくて、縦方向にも大きくめくれ上がったり反転したりした。[*19]
赤石山地は第四紀（二五八万年前以降）の始め頃に隆起を開始したと推定されている。[*20] それは一般にフィリピン海プレートの沈み込み、ないしは伊豆弧の衝突によるとされる。しかし、赤石山地から濃尾平野・伊勢湾に傾き下がる地形が西南日本で第一級の「中部傾動《けいどう》地塊《ちかい》」であり、鈴鹿《すずか》山脈～大阪湾、六甲山地～播磨《はりま》盆地の第二級の傾動地塊とともに東西圧縮の変動を端的に示しているから[*21]、私は、赤石山地の顕著な隆起の大きな要因は第四紀の少し前から強まったアムールプレートの東進（後述）にあると考えている[*22]。

赤石山地周辺の地震時沈降によるリニアの被害

檀原《だんばら》毅《たけし》氏は、現在の国土地理院による明治以来の精密水準測量のデータを整理して、大略一八九五～一九六五年の七〇年間に赤石山地一帯が年間四㎜の速さで隆起していることを指摘した[*23]。106ページ図15の中に、檀原氏の図で年間二㎜以上とされた隆起域をグレーで示す。この領域の中のデータは多くないので、大まかな目安だと思ったほうがよいが、鷺谷《さぎや》威《たけし》・井上政明《まさあき》両氏が一八八八／一九〇三～一九八九／九五年の中部地方の水準測量データを解析して、水準点五三〇六（飯田市南信濃木沢《みなみしなのきざわ》）以南の赤石山地南西部の水準点が定常的に四〇㎝以上隆起していることを確認している[*24]。

図15　駿河トラフ沿いの巨大逆断層による赤石山地周辺の地震時地殻沈降

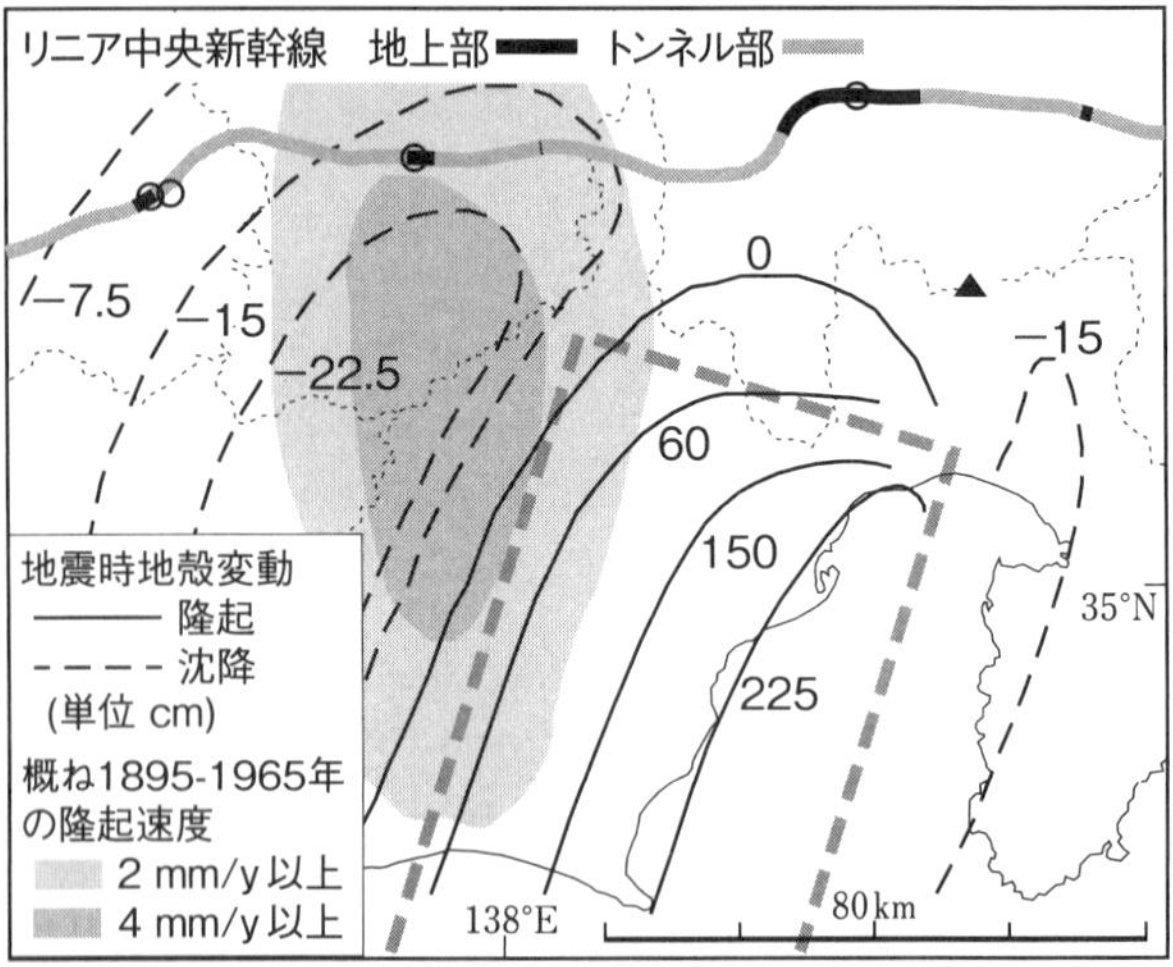

太破線の矩形が震源断層面の地表投影で、隆起・沈降は注1の石橋（1976、1977）の計算結果を1.5倍してある（本文参照）。リニア中央新幹線は図7と同じ。注23の檀原（1971）による約70年間の顕著な隆起域をグレーで示す。

赤石山地に関しては、地質条件が悪いことから長大トンネル掘削の困難性や危険性が指摘されるが[*25]、南海トラフ巨大地震の震源域が駿河湾内に及んだ場合に急激に沈降すると予測されることが重要である。これは、第四紀に顕著に隆起（年平均三㎜程度）している相模湾北方の丹沢《たんざわ》山地が、一九二五～九六年の約七〇年間も年間四㎜程度の速さで隆起しているのに、一九二三年大正関東地震の際に最大一mほど沈降したこと[26]と基本的に同じで、プレート間巨大地震に伴う必然的現象と考えられる。

図15は、私が「駿河湾地震」の震源断層モデルで計算した地震時地殻変動[27]にリニア中央新幹線を重ねたものである。太破線の震源断層面の長さは一一五㎞、幅は七〇㎞、西に三四度傾斜しているとした。**図15**では、隆起・沈降を計算結果の一・五倍にして、断層すべり量六mに相当させている（多少の左横ズレを含む）。

将来の南海トラフ地震も基本的にこのような巨大逆断層を含むと考えられ、地震発生と同時に赤石山地周辺の広範囲が沈降するだろう。ただし、断層面の位置、形状、遠州灘地域の断層運動の影響などによって、実際に生ずるのはこのとおりではない（沈降域がもっと東に動くこともありうる）。また、後述の糸魚川―静岡構造線断層帯（以下、糸静線《いとしずせん》断層帯）が同時に活動すれば、隆起と沈降がもっと内陸に及んで分量も多くなるかもしれない。

計算結果は、平らな地面の下に均質な岩石が拡がっている場合のものだが、種々の岩層が複雑に堆積・褶曲《しゅうきょく》・破断している山地では変動が不規則になる可能性がある。すなわち、巨大地震発生によって、リニア路線とガイドウェイと列車は、激しい地震動に襲われるだけではなくて、かなり凸凹に沈降するおそれがあるのだ。これは、直接的な列車の事故と損傷、およびトンネル内部の損壊・大量出水などを招きかねない。

実は、一八五四年安政東海地震の断層モデル[*28]などから、南海トラフ巨大地震では名古屋周辺の広範囲でも、さらに西方の三重県〜奈良県でも、地震時地殻沈降が起こると予想され、リニア路線もその影響を受けると考えられる。ガイドウェイは、設置時に数㎜以内の施工精度が必要だというから、仮に損壊や列車事故が生じなかったとしても、復旧に際して大きな問題になるだろう。

糸静線断層帯が連動するかもしれない

西南日本が属しているプレートは、地学の教科書などではユーラシアプレートとされるが、それはヨーロッパまで続く巨大なプレートであり、第四紀の変動などからみると疑わしい。実際は、87ページ図8のように、アムールプレートという東アジアの小さなプレート（マイクロプレート）であろう。[*29] 東北日本は北米プレートに属するとされているが、オホーツクプレートというマイクロプレートに属するという説もある。両者の境界は、図8に破線で示したように明瞭ではなく、ある程度幅があると思われる。アムールプレートは、東北日本に対して年間一〜二㎝の速さでほぼ東向きに動いていると考えられており、その動きは国土地理院のGNSS連続観測でとらえられている。

88ページでは、南海トラフ巨大地震の原動力はフィリピン海プレートの西南日本への沈み込みであるように述べた。それが定説なのだが、実は私は、日本列島の変動を総合的に考察した結果、アムールプレートの東進も重要な要因だと考えている。そう考えると、過去の南海トラフ地震の前後に西南日本内陸や日本海東縁で（ほぼ）東西圧縮力による大地震が集中的に起きた理由が理解され、前述（72ページ）のように、南海トラフ地震の発生前あるいは直後に66〜67ページ図7の活断層などで大地震が起こりやすいと推測される。

87ページ図8において、アムールプレートからみると、その南東部分の西日本太平洋沿岸および中部地方東部は、フィリピン海プレートの沈み込みで圧迫を受けているとともに、糸静線断層帯—富士川河口断層帯（図7のF）を東限として東進を妨げられており、両方の原因によるストレスが溜《た》まっていく。それを解放するのが南海トラフ巨大地震だと考えられるのである。

そうであれば、南海トラフ地震の何回かに一回は、震源域が駿河トラフ沿いから富士川河口断層帯、さらに例えば身延断層（66～67ページ図7のM）を経て糸静線断層帯に延びる可能性がある。そうなった場合、東海道新幹線の富士川鉄橋付近が破壊されるが、リニア中央新幹線も破断されて致命的被害を受けるおそれがある。

大規模な斜面崩壊によるリニアの埋没

二〇一六年熊本地震（M7・3）や二〇一八年北海道胆振《いぶり》東部地震（M6・7）でも生じたように、大地震の強震動で大規模な斜面崩壊や地すべりが起こるのは日本の宿命といえる。南海トラフ巨大地震は激しい揺れが長時間続くから、震源域からやや離れた内陸山地にも過去くり返し大規模な土砂災害を起こした。

八八七年仁和地震（M8以上）は北八ヶ岳・天狗岳《てんぐだけ》の山体崩壊を生じて千曲川《ちくまがわ》上流に堰《せき》止《と》め湖《こ》を作ったと推定され、翌年梅雨時の下流域の大洪水はそれが決壊したためと推測される[*30]。一七〇七年宝永地震（M8以上）では、富士川中流の白鳥山《しらとりやま》の崩壊（静岡県富士宮市）、安倍川上流の大谷《おおや》崩れ（静岡市）、山梨県身延町《みのぶちょう》下部《しもべ》の湯之奥《ゆのおく》崩れ、同県早川町の八潮《やしお》崩れなどが知られている。[*31]一八五四年安政東海地震（M8以上）でも、以前からあった身延町の七面山《しちめんざん》大崩れがさらに崩れ、[*32]白鳥山崩壊、八潮崩れも再発した。東日本大震災での崩壊実績からみて、両地震ではもっとずっと多くの山崩れが発生したと推定される。[*33]

防災科学技術研究所（以下、防災科研）のJ－SHIS Map[*34]に示された地すべり地形は、中央構造線と糸静線断層帯に挟まれた地域、とくに両構造線沿いに密集している。表土層だけでなく基盤層まで崩れる深層崩壊が恐ろしいが、隆起速度が大きくて降水量も多く、付加体という地質条件を備えた赤石山地は、国交省の「深層崩壊推定頻度マップ」[*35]で「特に高い」とされている。国交省中部地方整備局の「深層崩壊渓流（小流域）レベル評価区域図」[*36]でも、リニア路線沿いに「相対的な危険度の（やや）高い渓流」が多い。ほとんどはトンネル区間だが、工事中の危険性と、次項でみる緊急避難の困難が懸念される。

河本和朗《かわもとかずろう》氏（長野県大鹿村《おおしかむら》中央構造線博物館顧問）は、リニアが南アルプストンネルを抜けて小渋川橋梁（大鹿村）を渡る部分について、V字谷が深く地質がもろくて非常に危険だと指摘し、ここは地表に出ずにトンネルにすべきだと主張した。[*37]現状では、工事履歴も影響して強震動で大規模崩壊が起こり、列車や路線が埋没する危険がある。過去に多くの事例があるように、大地震前に豪雨があった場合はとくに山崩れが発生しやすい。空気を切り裂く音（空力音）の対策も兼ねて「防音防災フード」[*38]で覆うのかもしれないが、大規模崩壊には無力だろう。

トンネルからの避難ができない

リニア中央新幹線が名古屋ないし大阪まで開業し、運行時間帯に南海トラフ巨大地震が起これば、必ず早期地震警報システムが作動して全列車が緊急停止するだろう。また、（脱炭素化に向けて電力供給システムが革命的に変われば別だが、現状であれば）ほぼ確実に広域停電が発生する。数時間以内に運転再開する見込みは立てられないだろうから、上下線で合計八ないし十数本の列車の全乗客、数千人から一万数千人が避難することになる（ただし、中央の指令室との連絡が途絶えて、どうしてよいかわからない列車が出るかもしれない）。路線の約九割はトンネルなので、ほとんどは地下からの脱出である。

リニア中央新幹線のホームページのなかの「万が一の異常時における避難誘導」[*39]によれば、大深度地下トンネルの場合には、車両備品の避難用はしごで中央通路に降り、ガイドウェイ下方の避難通路を非常口へ歩き、立坑の避難用エレベーターか階段で地上に出るという。非常口の立坑は、もともとトンネル掘削用のシールドマシンを降ろすために約五㎞おきに掘るもので、東京都・神奈川県に九カ所、愛知県に四カ所できる。[*40] なおＪＲ東海は、避難時は必要に応じて超電導磁石を消磁して磁界をなくすとしているが、[*41] 万一それがうまくいかないと、降車する際と列車の脇を歩く際に乗客が強力な磁界に晒《さら》され、携行品や装身具の鉄類が吸い寄せられたり、心臓ペースメーカーが大きな影響を受けたりする。

乗客定員一〇〇〇人の一列車に複数の乗務員がいるが、ＪＲ東海は乗客の助け合いを期待している。非常灯はあるのだろうが、何㎞か歩かねばならず、地震でエレベーターが故障すれば四〇ｍ以上の階段を昇ることになるから、余震が続くなかで大きな混乱が予想される。トンネル内や立坑に地震被害があればなおさらである。立坑は、地震動が激しい地域では、浅い部分ほど表層地盤に関係する損壊が懸念される。最悪の地点では全員が地下に閉じ込められるかもしれない。だが地上も第六章で述べるような凄《すさ》まじい「超広域複合大震災」であり、救出は容易ではない。

長大山岳トンネル内で停車した場合には、乗客は幅一ｍほどの側方通路（保守用通路）

図16　南アルプストンネルの西俣非常口

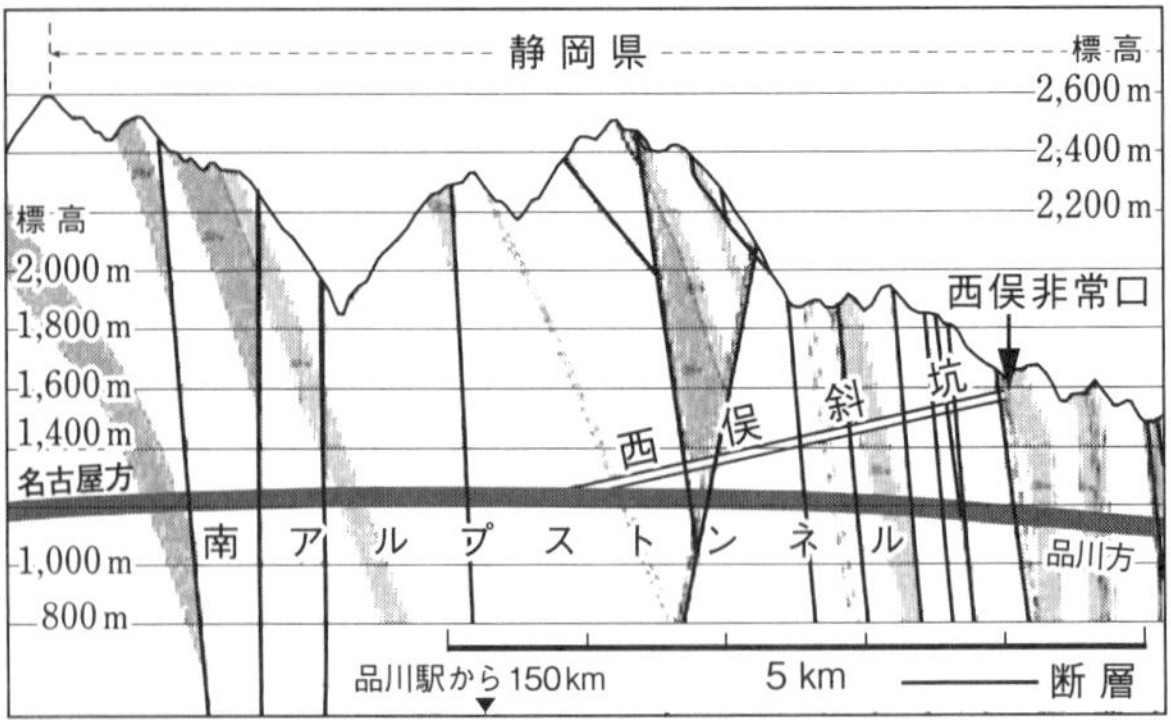

JR東海の資料（注44）にもとづいて筆者が作成。カラーの地質縦断図をモノクロ化しており、地質の詳細は問題にしない。

を徒歩で何kmか先の斜坑取付部まで歩き、そこから斜坑を歩いて地上に脱出する。[*42] 山岳トンネルは大深度地下トンネルとは工法が違うので、ガイドウェイ下方の避難通路はない。地震時でなくてもたいへんだろうが、南海トラフ地震の際には、断層帯・破砕帯などで覆工の崩落、路盤の隆起、高圧地下水の噴出・浸水などが生じたり、列車がガイドウェイ側壁に接触・傾倒したりしていて、通路を歩けない状況が起こるかもしれない。

延長二五kmの南アルプストンネルの場合、工区を分けて七カ所の斜坑を設け、各斜坑を掘削してからトンネル本体を掘る。[*43] トン

図17　南アルプストンネルの西俣非常口と千石非常口

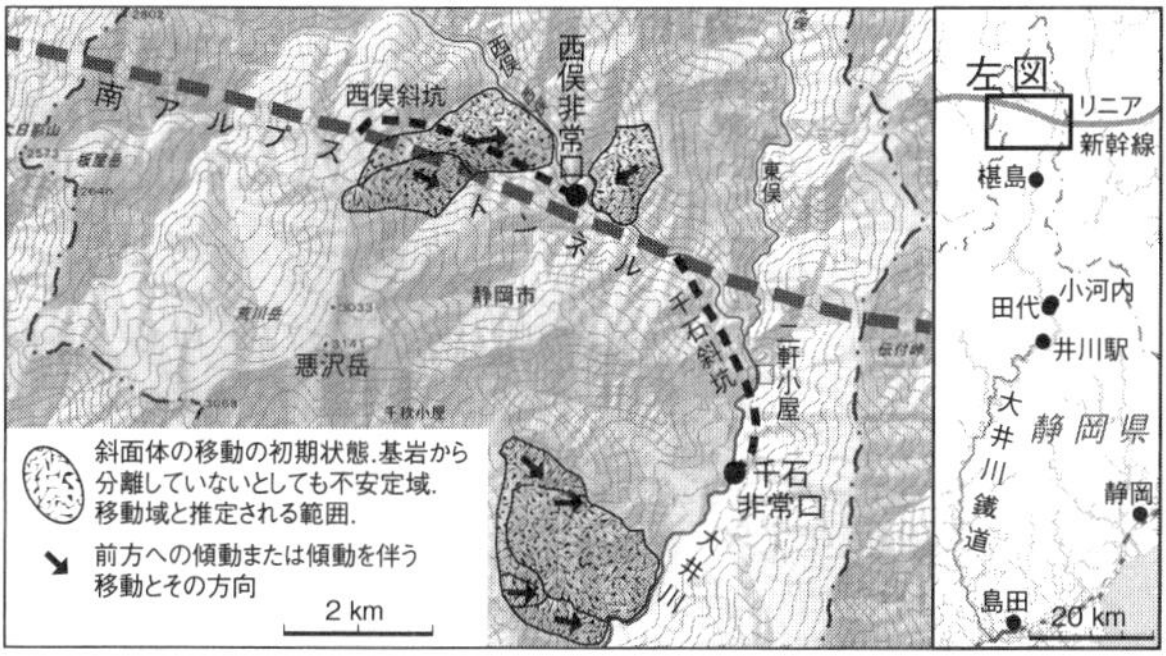

JR 東海『中央新幹線（東京都・名古屋市間）環境影響評価書資料編【静岡県】』（第一章の注 28 から辿れる）の図 3 - 5 - 1 と、注 15 の防災科学技術研究所「J-SHIS Map」にもとづいて筆者が作成。地図は国土地理院の「地理院地図」を使用。

ネル完成後は各斜坑が非常通路となる。

例えばトンネル中央の、品川から一五〇km地点付近だった場合、最寄りは西俣《にしまた》斜坑だが、トンネルから地表までの標高差は約三二〇mで長さは約三・五kmもある[*44]（図16）。しかも何本もの断層やもろい地層と交差しているから、強震動や地殻変動で損傷して通れないおそれがある。さらに、斜坑出口（西俣非常口）の対岸の斜面が防災科研による「地すべり地形」で「斜面体の移動の初期状態の不安定域、移動域」と推定されており[45]（図17）、大規模な斜面崩壊が起きて崩壊土が非常口側にも乗り上げ、出口が閉ざされるかもしれない。避難者の絶望感は想像するだけでも恐ろしい。さらに、上流部でも大崩壊が生じて土石流が流下するおそれもある。

何とか地上に出られたとしても、そこは日本第六位の高峰・悪沢岳《わるさわだけ》（三一四一m）の北方の尾根が大井川の支流・西俣川に落ちる標高一五三五mの高所である。夏でもたいへんだが、冬季であれば南アルプス真っ只中の雪山の世界だ。トンネル工事の施工ヤードが整備されたり、作業員宿舎が避難所に改装されたりするのかもしれないが、薄着でリニア新幹線から脱出した乗客が長く居られるところではない。しかし、西俣非常口から登山基地の二軒小屋（冬季は無人）まで一時間歩かねばならず、そこから大井川鐵道《てつどう》井川《いかわ》線《せん》の終点・井川駅の北方の最奥集落・小河内《こごうち》および田代《たしろ》までは徒歩で実に八時間くらいかかる（図17）。しかも、その大部分を占める林道・東俣《ひがしまた》線は豪雨による崩落などで通行不能のことが多く、地震時には至るところ大小の斜面崩壊・崖崩れ・落石が起きていて通れないと思われる。結局、救出を待つほかないが、大型ヘリコプターは使えない山岳地帯であるし、超広域大震災のさなか、機材・救助隊のやり繰りが困難だろう。逆に言うと、地元の静岡県は、県内の大半が震度6強~7で大津波に襲われ、最悪約一〇万人の死者[*46]が生じているなか、リニア乗客の救助と医療に多大な負担を強いられることになる。

西俣斜坑取付部から本線上約四・五㎞東には千石《せんごく》斜坑取付部があるが（図17）、ここも地表までは標高差約二六〇m、全長三㎞余ある。[*47]二軒小屋の少し下の大井川畔に出るが、標高は約一三四〇mで、非常口としての悪条件は西俣と大差ない。

南海トラフ巨大地震からリニアが復旧できるか

以上をまとめると、まず、南海トラフ巨大地震はリニア中央新幹線の建設中か、一部ないし全線開業中に発生する可能性が高い。開業している場合、運行中の時間帯であれば、必ず早期地震警報システムが作動して全列車が緊急停止し、乗客が避難することになる。その際、何カ所かで大きなトラブルが生ずるおそれがある。

さらに、甲府盆地、山岳トンネル、名古屋付近、三重県、大阪付近をはじめとするあちこちで、列車や施設に大小の損傷が起きる可能性が高く、重大な被害の発生も否定できない。第三章で述べた内陸の大地震と大きく違う点は、被害や故障が広域で同時多発し、システム全体が破綻することである。しかも、情報ネットワークの破断により、中央の指令室が全体状況を把握できず、個々の列車も地底に孤立したままという事態になりかねない。品川駅でも、落下物で怪我人《けがにん》が出るとか、地下街で出火するとかの、リニアにとって本質的ではないが影響の大きい事故が起こらないとは限らない。

一七〇七年宝永地震では、本震の翌日に駿河湾北岸と甲府盆地の間くらいでM6・5程度の余震が起こって被害を生じ、一九四四年昭和東南海地震では、本震の三七日後にM6・8の三河《みかわ》地震が発生して大被害をもたらした。そのような内陸の余震ないし誘発地震が本震直後に起これば、リニア新幹線の被害はさらに拡大するだろう。

運行時間外の夜間に南海トラフ地震が起これば、乗客の被害は避けられるが、保守作業の人々に死傷者が出るかもしれないし、土木施設や電気設備の被害は変わらない。

南海トラフ巨大地震が一個だけの宝永型になるか、連発する安政型になるかは、リニア中央新幹線の被害と救援に大きな影響を与えると思われる。宝永型の場合は、品川から大阪までの全線の各所で被害が同時に発生する可能性が高い。安政型の場合は、大きな被害の発生は（それがあったとして）、名古屋付近以東と以西で違う時点に別々に発生するだろう。しかし、中間の地域では強震動に二度襲われて、時間差が短ければ被害が増大しかねない。また遠方まで減衰せずに届く長周期地震波は、全域に二回の大揺れをもたらし、思わぬ被害や混乱をもたらすだろう。一般に構造物は、損傷するとグサグサになって弱くなり、固有周期が延びるので、遅れてやってくる長周期地震動や二度目の強震動で破壊しやすくなる。

連発型の場合は、最初の大地震による被害の救援中に第二の大地震が起きて、二次災害が生じるおそれがある。現実には、南海トラフ沿いの東半か西半で一つ目の巨大地震が起こって大災害になったとき、もう一つの巨大地震がいつ発生するかはわからないので、リニア中央新幹線に限らず、救援・復旧にとって深刻な問題となる。

最悪の場合には、何カ所かの大深度地下トンネルや山岳トンネルに閉じ込められた乗客を何日も救出できず、山岳トンネル内の被害や坑口付近の山体崩壊などでトンネル内の列車を引き出せないといった事態になるだろう。リニアの救助・復旧が重大な問題になるが、超広域が第六章で述べるような大震災に見舞われていて、東海道・山陽新幹線をはじめとするJR各社（東日本、東海、西日本、四国、九州）の在来型新幹線や在来線でも多数の被害が生じる。鉄道以外のインフラや都市・国土にも莫大な被害が出ていて、資金・労働力・機材・資材が不足するなかで、鉄道の復旧工事は在来型新幹線や在来ローカル線が優先されるだろう。したがってリニア新幹線の復旧は後回しになり、被害の程度によっては廃線もやむなしという判断を迫られるのではないだろうか。

なお、山間部や河川脇へのトンネル掘削残土の積み上げ、急峻《きゅうしゅん》な場所での工事用道路の開鑿《かいさく》などのリニア新幹線建設工事の影響が、南海トラフ巨大地震の際に新たな土砂崩れの発生などとなって現れる懸念がある。神奈川県相模原《さがみはら》市緑区鳥屋《とや》に建設される関東車両基地も、豪雨と重なったりすれば土砂災害を誘発するおそれがある。

リニア中央新幹線を建設中に南海トラフ巨大地震が発生した場合、建設現場は完成後よりも耐震管理が全般に悪いと思われるので、建設中のリニア施設、建設基地（ヤード）、工事用道路などに大きな被害が生ずるおそれが強い。否応なしに建設現場にされてしまった集落にも、本来起こるはずのない被害が波及するかもしれない。そして、地震被害の復旧とリニア建設継続が大きな検討課題になるが、大震災でJR東海も日本社会全体も深刻な損害を受けているなか、現場の被害状況によっては建設中止という決断もありうるだろう。

　要するに、リニア中央新幹線が南海トラフ巨大地震に対して無傷で、被災した東海道新幹線の代替として東西交通の大動脈を担って活躍するなどということは考えられない。むしろ、リニア新幹線がなければ起こるはずのない新たな災害を生み出し、超広域大震災の救援・復旧・復興を大きく阻害することになるだろう。

　南海トラフ地震が一九四四・四六年のようにやや小型であれば、これほどまでにはならないかもしれない。しかし、二度続けて小型の地震が起こることは考えにくいし、危機管理の鉄則として最悪のケースを想定すべきであろう。

　リニア中央新幹線についての詳細な情報を唯一所持しているＪＲ東海は、以上の私の憂慮を批判する意味でも、南海トラフ巨大地震が発生したとき実際にリニアで何がどのように起こるのかに関して、詳細なシミュレーションをおこない、結果を社会に丁寧に説明してもらいたい。それが、中央新幹線という公器を建設し営業するものの責務である。

第2部　ポストコロナのリニアは時代錯誤

第五章　地球温暖化防止に逆行するリニア新幹線

脱炭素社会に向けて求められる省エネルギー

第2部では、二〇二〇年から続くコロナ禍が何とか終息したのち――ポストコロナ――の日本が、南海トラフ巨大地震による「超広域複合大震災」に襲われる公算が大きいことをみたうえで、根本的にどう備えるべきかを考える。いっぽう、コロナ後の日本社会は、これまでの価値観を大きく転換した姿に変わるのが望ましいと思われるが、それは超広域大震災への備えに合致することを指摘する。そして、そういう社会にあっては、リニア中央新幹線は「時代錯誤」と言わざるをえないことを述べる。

さて、ポストコロナは図らずも脱炭素社会を目指す時代でもある。まず本章では、約六〇年前のエネルギー感覚にもとづくリニア新幹線は本質的に消費電力が多く、これからの社会では望ましい技術とはいえないことをみておこう。

二〇一五年にパリで開かれた国連気候変動枠組条約第二一回締約国会議（COP21）で、世界の平均気温上昇を産業革命以前に比べて二℃より十分低く保ち、一・五℃に抑える努力をする、などを長期目標とした「パリ協定」が合意された（一六年一一月発効）。「国連気候変動枠組条約」というのは、大気中の温室効果ガス（おもに二酸化炭素CO_2）濃度の安定化を目標として一九九二年に採択されたもので、八八年に設立された「気候変動に関する政府間パネル」（IPCC、気候変動に関する科学的知見と影響・適応策・緩和策などの知見を評価し、国際社会に情報提供する組織）での検討にもとづいている。

パリ協定の目標を実現するためには、二〇五〇年までに温室効果ガスの実質排出量（排出量から森林吸収などを差し引いた分）をゼロにする必要がある。欧州連合（EU）はじめ世界の多くの国や地域が「五〇年実質ゼロ」の目標を明示しているのに対して、日本政府は八〇％削減するとしか言っておらず、海外から批判されていた。しかし、一九年秋以降は「五〇年実質ゼロ」宣言に向けて検討を進め、[*1]二〇二〇年一〇月二六日には菅義偉《すがよしひで》首相が所信表明演説で、五〇年までに温室効果ガスの排出を全体としてゼロにする、すなわち五〇年に脱炭素社会の実現を目指すことを正式に表明した。だが具体的な道筋は決まっておらず、実際には多くの課題を乗り越える必要がある。

私は、人類誕生以前から地球の温暖化と寒冷化はくり返されているから、人間のCO_2排出だけで気温が厳密に決定されることには疑問を感じるが、化石燃料の大量消費とCO_2の排出を抑えるべきことには異論がない。そのためには、エネルギー源の脱炭素化だけではなくて、そもそも社会のあらゆる場面での省エネルギーを目指すべきだと考える。リニア新幹線はそれに反している。

リニア新幹線の消費電力――国交省の試算

ここからの話では「電力量」と「電力」という用語を正確に知っておくとよい。

電気をある時間流すと、モーターを回すなどの「仕事」(物理学の用語)をするわけだが、電気がした仕事の総量を「電力量」という。これに対して、電気が瞬間的に(一秒間に)する仕事を「電力」という。それぞれ、仕事をしてもらうために消費した電気の総量、瞬間的に必要な電気の量、ということもできる。電力量の単位はワット時（Wh、一〇〇〇倍がキロワット時kWh）、電力の単位はワット（W、一〇〇〇倍がキロワットkW）である。「電力」は、いろいろな力（馬でもガソリンエンジンでも）の場合に「仕事率（パワー）」と呼んでいる量の電気版である。仕事率の単位としては、ワットのほかに馬力（PS）も使われる。あとで出てくるが、一PSは〇・七三五五kWである。自動車のカタログでエンジンの項目を見ると「最高出力五八kW（七九PS）」（コンパクトカーの一例）などと書いてある。このように、パワーを「出力」ということもある。

さて、リニア新幹線の消費電力（＝走らせるのに必要な電力）について、JR東海は詳細でわかりやすいデータをいまだに公表していない。第一回中央新幹線小委員会で委員から電力供給の健全性の議論と結果の公開が非常に重要だという発言があり、第八回小委員会で報告されたパブリックコメントでは消費電力について情報公開すべきという意見が数件あった。しかし小委員会は、その後電力に関する議論をまったくおこなわず、JR東海に資料の提出を求めることもしなかった。

ようやく最後の第二〇回小委員会（二〇一一年五月一二日）になって、「小委員会答申

（案）に関するパブリックコメント」（四月二二日〜五月五日実施）で「電力消費量や電磁波の人体への影響に関するデータを公表すべき」という意見が二〇件あったことから、資料1の参考5として消費電力の試算が報告された。

国交省鉄道局技術開発室長の説明では、一六両編成の営業用リニアが時速五〇〇キロで平坦なトンネル内を走行するときの消費電力は、実験車両をベースにした試算で約三・五万kWであり、首都圏〜中京圏開業時に一時間五本の運行で所要時間四〇分とすると、合計約二七万kWとされた。片道あたり同時走行中の列車が約三・三本で（往復六・六本）、合計約二三万kW、それに若干の損失も見込むと約二七万kWなのだという。首都圏〜関西圏の場合は、一時間八本、所要時間六七分として同様の計算をすると、約七四万kWだという。

技術開発室長は、名古屋開業時の二七万kWは、東海道新幹線の東京・名古屋間のピーク時の消費電力とおおむね同等の水準だと述べた。東海道新幹線の運行本数が多いためかもしれないが、後述のように、同等の水準というのは疑問である。また、一編成あたり約三・五万kWという消費電力については説明がなかった。

約二七万kWという消費電力に関して環境大臣は、環境影響評価書に対する意見を国交大臣に提出した（31ページ）なかで、「現在我が国が、あらゆる政策手段を講じて地球温暖化対策に取り組んでいる状況下、これほどのエネルギー需要が増加することは看過できない。供用時におけるエネルギー消費量の低減と調達するエネルギーのグリーン化等を行い、大規模事業者として、温室効果ガスの排出低減に向けて主体的な役割を果たすことが不可欠である」と述べた。[*2] ただし、この意見には何の強制力もない。

ＪＲ東海は、二〇一二年の説明会資料の「消費電力のポイント」[*3]で他人事《ひとごと》のように小委員会の資料を引用しており、自ら丁寧に説明しようという姿勢が感じられない（実情は、小委員会での国交省の説明がＪＲ東海の代弁だったのだろうが）。

なお、ここからしばらく各種の推算値などがたくさん出てくるので、前述の消費電力から後述のCO_2排出量までを139ページの表7にまとめておく。適宜参照されたい。

リニア発案者・川端敏夫氏の後悔

リニア鉄道の最初のアイデアを提出した川端敏夫氏（18ページ）は、山梨リニア実験線の建設が決定した直後の一九八九年八月二四日付『朝日新聞』朝刊の「論壇」に、「電力浪費の『リニア』再考を」と題する意見を投稿した。[*4]そのなかで川端氏は、新幹線の消費電力が一〇〇人乗りで九〇〇kWであるのに対して、四〇人乗りのリニア実験車は時速五〇〇キロでの消費電力を一万五〇〇〇kWと想定しているから、一人あたりにすると新幹線の四〇倍にもなると述べた。そして、エネルギー環境が厳しく、省エネが求められるなかで、リニアの導入は考え直すべきだと主張した。九九年に樫田秀樹氏が電話取材したところ、川端氏は、電力浪費のリニアに多額の税金を使わせたのは川端だと言われたら死ぬに死にきれないと語ったという。[*5]

しかし、川端氏の主張に対して鉄道総研理事長の尾関雅則《おぜきまさのり》氏が、『朝日新聞』同年九月四日付朝刊の「論壇」で「リニアの電力浪費論は誤解」として反論した。[*6]それによると、東京・大阪間の一人あたりの消費電力は、東海道新幹線（時速二二〇キロ、一日平均一六万人）では九kW、リニア新幹線（時速五〇〇キロ、一日平均一〇万人）では六〇kW程度だという。それでも七倍近くにはなる。尾関氏は、エネルギー消費量を把握するうえでは瞬間的な消費電力ではなくて全電力量が重要だと述べて、乗客一人一㎞あたり約九〇Whを計画しており、それは東海道新幹線の約三倍、航空機の約半分だとした。

リニア新幹線の消費電力――阿部修治《しゅうじ》氏の推計

阿部修治氏（システム工学、科学技術社会論）は、電力消費の問題はリニアの存在意義にかかわると考えて、在来型新幹線とリニア新幹線の一列車あたりの消費電力を、できるだけ客観的に推計して比較した。[*7]

勾配や曲線による抵抗は無視したが、機械抵抗（リニアはゼロ）・空気抵抗・磁気抗力（在来型はゼロ）からなる走行抵抗と、モーターのエネルギー損失を、多くの論文の理論計算や実測値などを参照して定量的に評価した。在来型新幹線は700系ないしN700系の一六両編成（定員一三〇〇人、定員乗車時の重量七〇〇トン）が明かり区間を時速三〇〇キロで走る場合、リニア新幹線は山梨実験線のMLX系ないしL0系車両を一六両編成に想定したもの（定員一〇〇〇人、定員乗車時の重量四〇〇トン）がトンネル区間を時速五〇〇キロで走る場合、としている（計算に必要な諸元は第二回小委員会の資料にもとづく）。

結果は、在来型新幹線が一・一万kW、リニア新幹線が四・九万kWとなった。あくまで単純化した多くの仮定のもとでの推計だが、リニアの消費電力は在来型の約四・五倍である。

リニアの四・九万kWは前述の国交省の三・五万kWに比べて大きいが、阿部氏は、国交省の値はかなり少なめに見積もった「期待値」にすぎないのではないかと述べている。同氏は、専門誌の論文から山梨実験線では四・八万kW程度の電力消費が想定されているようだと推定し、自身の計算結果と整合するとしている。

消費電力の推計値にもとづいて、乗客一人（一座席）を走行距離一km運ぶのに要する電力量も比較している。結果は、在来型新幹線が二八Wh／人・kmであるのに対して、リニア新幹線は約三・五倍の九九Wh／人・kmになる。この阿部氏の計算結果は、前述の尾関雅則氏の記述とほぼ一致している。

モーターのエネルギー損失に関しては、阿部氏は、在来型新幹線一〇％に対してリニア新幹線では二〇％としている。これは、一般に開放的構造のリニアモーターでは力の発生に使われない磁束《じそく》が多いうえに、リニア中央新幹線の推進方式ではガイドウェイ側壁の推進コイルの九四％が無駄に磁場を発生しているためだという。

阿部氏は、鉄道のスピードをたえず上げ続けなければいけないと考えるのは単に成長神話に呪縛されているだけであり、リニア新幹線が「筋のよい技術」として普及する見通しはなく、開通当初の「もの珍しさ」だけが取り柄の特殊な技術で終わってしまう可能性が高いと断じている。

エネルギー性能の悪いリニア新幹線

西川榮一氏（機械工学、交通機関工学）は著書[*8]のなかで、時速五〇〇キロというリニア新幹線の速度を考慮したうえでの動力性能を、ほかの交通機関と比べている。その結果を134ページ図18に示す。

これは赤木新介氏（設計工学）の図[*9]に西川氏がリニア中央新幹線（星印）を加筆したものだが、最初はジュゼッペ・ガブリエリ（イタリア）とテオドール・フォン・カルマン（ハンガリー）が一九五〇年に発表した図で、カルマン・ガブリエリ線図（以下、K－G線図）と呼ばれている。それに赤木氏が現代の多くのデータを追加した。

図の縦軸は、パワー（定格出力）を総重量（乗客・荷物満載時）×定格速度で割ったもの（単位はPS／トン・時速）、横軸は定格速度（単位はキロ毎時）である。つまりこの図の各点は、その交通機関を定格速度で走らせたとき、一㎞移動するのに必要な重量一トンあたりの出

図18　カルマン・ガブリエリ線図

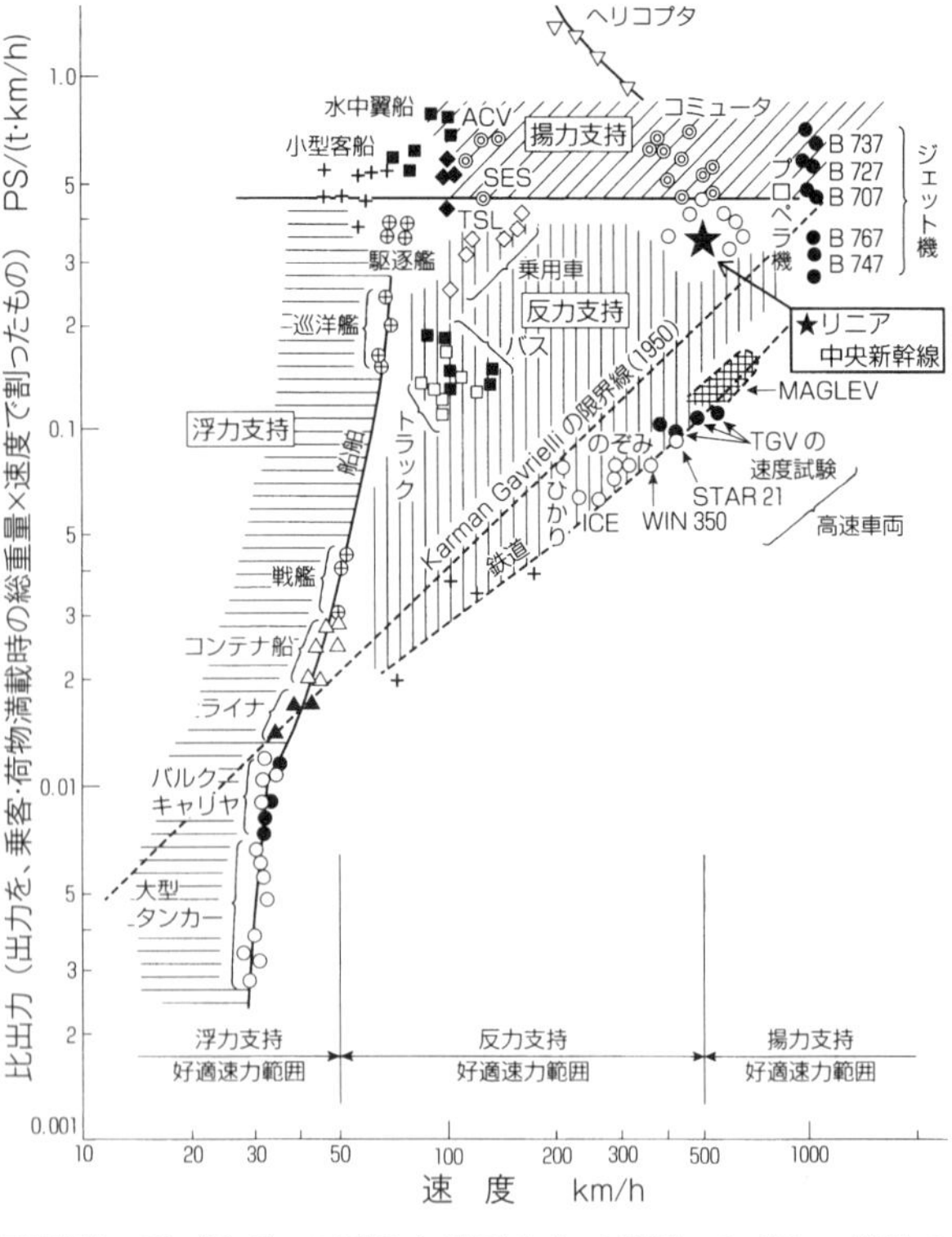

西川榮一氏（注8）の図5を許可をえて転載。ただし、横軸の数字のミスプリントを訂正し、縦軸と横軸の説明の表現を変えた。

力（「比出力」という）を表している。速度が同じならば比出力が小さいほうが輸送効率が高いわけで、性能や経済性を比較するのに便利である。図中の「Karman Gabrielli の限界線（1950）」という破線（図中のGavrielli は誤り）は、K–G線図発表時に性能が最良のプロットを結んだ線、つまり当時の最良性能限界線（以下、K–G線）である。

赤木氏はこの図で、交通機関の支持方式（重量を支える方式）によって好適な速度範囲が異なることも指摘した。すなわち、浮力で支持される船舶（図の横線領域）は時速五〇キロ程度以下、車輪を通して地面反力で支持される自動車・鉄道（図の縦線領域）は時速五〇〜五〇〇キロ程度、揚力で支持される飛行機（図の斜線領域）は時速五〇〇キロ程度以上が、それぞれ好適な領域である。なおリニア新幹線は磁力で浮上走行するが、浮上コイルは地盤に固定されているので、結局地面反力支持となり、在来鉄道と同じである[*10]。

図18で顕著なのは、赤木氏が追加した鉄道のプロットが、K–G線より下に位置することである。図の「WIN350」と「STAR21」は、それぞれJR西日本とJR東日本の高速試験用新幹線電車、「ICE」と「TGV」は、それぞれヨーロッパとフランスの高速列車、「MAGLEV」はリニア中央新幹線以外の各種の磁気浮上式鉄道である。これらは、低速

域の鉄道列車とともに、K-G線より下の直線にほぼ乗っており、輸送効率が高い。

リニア中央新幹線は、出力は阿部氏の推計電力四・九万kWを使えば（西川氏は四・九四万kWとしている）127ページの換算によって六六六二〇PS（西川氏は六七二〇〇PS）であり、重量は四〇〇トン、速度は時速五〇〇キロだから、比出力は〇・三三（西川氏は〇・三四）と計算できる。これを西川氏は134ページ図18の星印にプロットしたわけである。鉄道グループから飛び離れていることが明らかで、K-G線よりずっと上に位置している。

西川氏は、この図から読みとれることとして、①鉄道の最大の利点の一つは輸送エネルギー性能が優れていることだが、それを可能にしているのは車輪・軌道方式である、②リニア中央新幹線の動力性能は在来型新幹線と比べて大きく低下し、鉄道の利点を失う結果になっているが、その原因は時速五〇〇キロのスピードを出すために超電導磁力支持・リニアモーター推進方式にしたためである、としている。要するに、超電導磁気浮上式で超高速のリニア中央新幹線は輸送機関としての性能と経済性がきわめて低い。

リニア中央新幹線のCO_2排出量

ＪＲ東海は前出の「消費電力のポイント」で、リニア中央新幹線（東京・大阪間）の一人あたりのＣO_2排出量を航空機（Ｂ７７７―２００）と比較し、航空機（九六・九kg-CO_2）の約三分の一の二九・三kg-CO_2であり、高速でありながら優れた環境性能を併せもつと述べている。算出方法は以下のとおりだが、この主張には疑問がある。

電気で動く列車のＣO_2排出量は、「消費電力量×供給される電気のＣO_2排出係数」で計算される。『環境影響評価書・資料編』（二〇一四年八月）の各都県版の「温室効果ガス」の章[*11]の「列車の走行に伴う温室効果ガス排出量」によれば（七都県版のどれも同じ）、１２８ページで紹介した三・五万kWの消費電力を、加速と勾配を考慮して約一・一二倍し、走行時間六七分を考慮すると、リニア一編成の消費電力量が四三・八MWh（MWhはkWhの一〇〇〇倍）となる。さらに、座席数一〇〇〇、乗車率六一・二%（平成二〇年度東海道新幹線実績）を仮定すると、一人あたりの消費電力量は七一・六kWhになる。いっぽう、東京・大阪間のリニアに電気を供給する東京・中部・関西三電力会社のＣO_2排出係数の平均値は〇・四〇九kg-CO_2／kWhなので、これを乗ずると前述の二九・三kg-CO_2が得られる。ただし、もし阿部氏が推計した消費電力四・九万kW（１３１ページ）を用いれば四一・〇kg-CO_2になることに注意しよう。なお同じ部分に、新幹線N700系「のぞみ」は七・一kg-CO_2であると記されている（算出方法は省略、航空機の九六・九kg-CO_2の算出方法も出ているが省略）。

同じ「温室効果ガス」の章の「CO_2削減のための具体的な取り組みとその効果について」には、東京・大阪間のB777―200と新幹線（N700系「のぞみ」）の一座席あたりのCO_2排出量も掲載されている。値は、それぞれ五〇kg-CO_2および四・二kg-CO_2[*12]である。阿部氏推計の消費電力を用いた場合、リニアの一座席あたりは二五・一kg-CO_2になるから、航空機の半分、新幹線の約六倍となり、環境性能は悪いというべきである。

「消費電力のポイント」では、「（リニアは）東海道新幹線と同様に、省エネの取り組みを継続していきます」と謳《うた》い、東海道新幹線が一九六四年の0系から二〇〇七年のN700系まで、時速二二〇キロの条件では四九％も電力消費量を低減してきたことを掲げている。また『環境影響評価書・資料編』の「温室効果ガス」の章では、リニア新幹線に関して、これまでおこなってきた電力変換器の高効率化、渦電流《うずでんりゅう》損失（阿部氏の「磁気抗力」に関係）の低減、空気抵抗の低減などを今後も続けるとしている。

しかし阿部氏は、在来型新幹線がレールという不変のインフラの上で列車のモーターを

表7　リニア中央新幹線・在来型新幹線・航空機の消費電力・電力量・CO_2排出量などの比較

事　項	リニア中央新幹線（16両編成）	在来型新幹線（N700系、16両編成）	航空機（B777-200）	出典
消費電力（1編成）	約3.5万kW			a
消費電力（東京・名古屋間ピーク時の総計）	約27万kW			a
消費電力（東京・大阪間ピーク時の総計）	約74万kW			a
消費電力（東京・大阪間、1人あたり）	約60kW／人	9kW／人（N700系ではない）		b
消費電力量（1人、1kmあたり）	約90Wh／人・km	左記の約3分の1（N700系ではない）	90Whの約2倍	b
消費電力（1編成）	4.9万kW	1.1万kW		c
消費電力量（1人、1kmあたり）	99Wh／人・km	28Wh／人・km		c
消費電力（1編成）		0.47万kW（CO_2排出量より）		d
CO_2排出量（東京・大阪間、1人あたり）	29.3kg-CO_2／人	7.1kg-CO_2／人	96.9kg-CO_2／人	e
CO_2排出量（東京・大阪間、1人あたり）	41.0kg-CO_2／人（4.9万kWを使用）			f
CO_2排出量（東京・大阪間、1席あたり）		4.2kg-CO_2／席	50kg-CO_2／席	e
CO_2排出量（東京・大阪間、1席あたり）	25.1kg-CO_2／席（4.9万kWを使用）			f

出典　a：国土交通省（第20回小委員会資料1）、b：尾関（注6）、c：阿部（注7）、d：本書（注12）、e：JR東海（注11）、f：本書（本文）

進化させて省エネルギー性能を高めてきたのに対して、リニア新幹線はモーターを地上の長大インフラとして固定化してしまうから、その性能を改良することは困難であり、硬直的な巨大システムだと述べている。*13

なお、以上のCO_2排出量は、今後電力の脱炭素化が進めば減少することが期待される。しかし、リニアの消費電力が在来型新幹線より多いことは変わらないし、再生可能エネルギーならいくら使ってもよいということにはならない。

リニア新幹線と原子力発電所

インターネット上などでは、リニア中央新幹線は原子力発電所（以下、原発）三、四基分の電力が必要だといった記事が散見するが、これまでみてきたことから、それは誇大だろう。ただし、一九七〇年代から山梨実験線開設の九〇年代まで、原発建設が強く進められていたから、リニア新幹線開発も原発を暗黙の前提にしていたと思われる。

実際、例えば東京電力（東電）の柏崎刈羽《かしわざきかりわ》原発（新潟県柏崎市・刈羽村）は、八六年の時点で、一号機が前年九月に運転開始、二・五号機が建設中、三・四号機が建設決定済み、六・七号機が計画中だったが、[14] 八六年二月の新聞報道[15]によれば、東電は山梨県内の電力需要急増に対処して同原発からの新送電線と変電所の建設を計画し、同県に協力を要請、同県知事もリニア実験線誘致などに備えて全面的に協力したいと明言した。

山梨実験線は八九年八月に決定されたわけだが、九二年に東電・東山梨変電所（大月市）が運転を開始し、そこに柏崎刈羽原発から五〇万ボルトで送電する南新潟幹線・西群馬幹線（西群馬開閉所経由）が九三年一〇月に運用を始めた[16]（一〇〇万ボルト設計）。九五年一〇月には東山梨変電所から、JR東海が建設中の山梨実験線・都留変電所（都留市）に一五万四〇〇〇ボルトの送電が開始され、九七年四月から走行試験が始まった。なお、西群馬開閉所には東電の福島第一・第二原発（福島県）の電力も送られていた。

東山梨変電所は五〇万ボルト送電網のなかでほかの水力・火力発電所ともつながっている。二〇一一年の東日本大震災と福島第一原発事故のあと、一二年三月からは柏崎刈羽原発の全七基も停止しているが、山梨実験線での走行試験はおこなわれており、原発がなければリニアが動かないわけではない。しかし営業運転となれば、東京・大阪間で原発一基分程度の約一〇〇万kWの電力が必要になるのは事実である。

「リニア原発震災」を起こしてはならない

ＪＲ東海は、二〇一二・一三年の説明会における主な質問というウェブサイトで「中央新幹線は原子力発電を前提としているのですか」という質問を掲げ[*17]、回答として、前述の消費電力（名古屋開業時約二七万kW、大阪開業時約七四万kW）を挙げたうえで、全原発の停止を前提とした電力会社の供給力試算の範囲内で十分まかなえること、東海道新幹線同様の省エネ化を続けること、を記している。ただし「発電方法に関（ママ）わらず、将来にわたって安定的な電力供給を政府と電力会社にお願いしたい」と付記している。

菅首相の所信表明演説における「五〇年脱炭素社会実現」宣言（１２６ページ）では、実現のために省エネルギーの徹底、再生可能エネルギーの最大限の導入、石炭火力発電の抜本的転換を挙げると同時に、安全優先で原子力政策を進めることで安定的なエネルギー供給を確立するとも述べた。

脱炭素社会実現のためと称して原発の再稼働や新規建設を進める動きが強まっているが[*18]、リニア中央新幹線も原発利用拡大の圧力になりかねない。例えば『財界にいがた』一八年八月号の記事[19]によれば、自由民主党の二階俊博《にかいとしひろ》幹事長がリニア早期開業に執念を燃やしており、政府とJR東海はリニア営業運転に不可欠な柏崎刈羽原発の再稼働を熱望しているという。それが本音であろうし、必要不可欠でなくても「夢の超特急」で国民を釣って、原発再稼働容認の世論を醸成しようとするかもしれない。

柏崎刈羽原発については、原子力規制委員会の審査・検査がほぼ終了した七号機を再稼働させようという東電・政府・財界の動きが（リニアには言及していないが）活発になっていた。[20]地元同意が鍵を握るが、二〇年末ごろから花角英世《はなずみひでよ》新潟県知事と同県原子力安全対策課が、長年の同県独自の慎重な安全性検証の仕組みを軽視しつつあるようにもみえた。[21]しかし同原発は地盤が悪く、敷地内活断層の疑いもあり、何より地震と地震動の想定が不十分で、[22]安全性が担保されているとはいえない。〇七年の新潟県中越沖地震（M6・8）で損傷もしており、再稼働すべきではない。ただし、二一年一月以降、同原発の安全な運転に反する東電の悪質な不正（テロ対策の不備の隠蔽など）がつぎつぎに明らかになり、地元の東電に対する不信感と規制委員会の甘さに対する批判が高まった。[23]さらに、四月に規制委員会が核燃料の装塡などを禁じる行政処分を決定したので、再稼働は遠のいた。[24]

東電とともにリニアの品川・名古屋間で給電を担う中部電力は、浜岡原発（静岡県御前崎市、旧浜岡町）を所有している。ここは、五基の原子炉のうち一・二号機が〇九年一月に運転を終了し、三〜五号機は福島原発事故後の一一年五月に菅直人《かんなおと》内閣の要請によって停止して以来、止まっている。しかし中部電力は、三・四号機の再稼働に向けての審査を申請しており、それは未了だが、新しい燃料集合体の搬入もおこなっている。

だが、浜岡原発は南海トラフ巨大地震の想定震源断層面の直上にあり、きわめて危険である。中部電力は、想定する地震動や津波を十分大きくして耐震裕度向上工事などをおこなっているので南海トラフ地震に耐えられるというが、長時間の激しい揺れが想定を超える可能性を否定できず、海抜二二mの防波堤も、強震動と地震時地殻隆起によって損壊するおそれがある。そして、本震直後から続発するM7以上の大余震が原発直下で起これば、致命的影響を及ぼしかねない。[*25]

地震の起こり方次第では、私が一九九七年に警告した「原発震災」（「はじめに」参照）が起きてしまうかもしれない。[*26] そのときリニア中央新幹線が運行していて、巨大地震に被災して多数の乗客が長大トンネル内に閉じ込められるなどしたら、拡散する放射能のために救出作業ができず、見殺しにされる可能性がある。これは「リニア原発震災」とでもいうべき未曽有の複合災害であろう。そのようなことは絶対に起こしてはならない。

そのためには、原発とリニア新幹線の両方をやめるべきである。

なお原発全般に関しては、私がくり返し述べているように、地震列島の日本に「安全な原発」はない。[*27]原発は技術的に未完成であり、いっぽう地震の総合的な破壊力は凄まじく、しかも私たちの地震現象の理解は不十分であり、さらに「世界で最も厳しい水準」といわれる原発の「新規制基準」がきわめて杜撰《ずさん》だからである。また、万年単位で生命を脅かす使用済み核燃料（核のゴミ）の安全な処分も、私たちにはできない。[*28]したがって、原発はできるだけ速やかに全廃しなければならない。

第六章　ポストコロナの日本を「超広域複合大震災」が襲う

ポストコロナは「大地動乱の時代」

二〇一九年一二月ごろに中国湖北省武漢市付近で拡がり始めたとみられる新型コロナウイルス感染症（ＣＯＶＩＤ―19《コヴィッドナインティーン》、以下「新型コロナ」と略記することもある）の流行は、短期間で全世界に拡大し、二一年四月三〇日現在の世界の感染者数は一億五〇〇〇万人を超え、死者は三一六万五〇〇〇人に達している。日本でも約五九万人が感染して一万人以上が亡くなった（いずれもＮＨＫ「特設サイト　新型コロナウイルス」[*1]）。日常生活は一変し、社会経済活動も著しく停滞して、膨大な事業者・生活者が苦難を強いられている。

激甚災害というべきこのコロナ禍を、安倍前首相は「一〇〇年に一度の国難」と言った

（二〇二〇年六月一一日の参議院予算委員会での答弁など）。しかし実は、コロナ禍が何とか終息したのち――ポストコロナ――に、さらなる「歴史的な国難」が襲ってくる可能性が高い。私たちは、日本史上数えるほどしかない「大地動乱の時代」の只中におり、その終幕の南海トラフ巨大地震によって、空前の大震災に見舞われる公算が大きいのだ。

「大地動乱の時代」というのは、元は私が一九九四年の旧著[*2]で、幕末の一八五三（嘉永六）年小田原地震・一八五四年安政東海地震・一八五五年安政江戸地震の続発から一九二三年大正関東地震に至るまでの、関東・東海地方の大地震活動期を呼んだ言葉である。同書では、この時期に黒船来航からアジア・太平洋戦争に向かう地上の激動も同時進行したことを叙述し、首都圏の地底で再び大地動乱の胎動が聞こえるから東京一極集中を抜本的に是正し、分散型国土の創生に着手すべきだと訴えた。

その翌年に阪神・淡路大震災が起こり、その後も内陸の被害地震が続き、さらに二〇一一年東日本大震災、二〇一六年熊本地震災害が発生したから、そのたびに拙著が引き合いに出されることもあった。しかし、旧著は首都圏の地震活動と震災対策に的を絞っていたので、日本列島全体の「大地動乱の時代」を指摘したわけではなかった。

日本全体の大地震活動の歴史を見渡すと、大枠では、東北日本への太平洋プレートの沈み込み、関東地方へのフィリピン海プレートの沈み込み、西南日本へのフィリピン海プレートの沈み込み、両者の間での伊豆半島の衝突、アムールプレートの東進という五つの動きに支配されているので、単純ではない。しかし、定量的ではないが顕著な大地震活動期と静穏期が認められ、90ページ図9の南海トラフ巨大地震のいくつかが活動期のクライマックスになっていたようにみえる。これは、109ページで述べたアムールプレートの東進に着目すると、メカニズム的にも理解できる（説明は拙著[*3]に譲る）。そこで本書ではあらためて、「大地動乱の時代」という言葉を日本列島のほぼ全域に対して用いる。

一例として図19に、八八七年仁和地震に先立つ六〇年間の被害地震の分布を示す。日本列島の大地震の歴史記録は時代や地域によって精粗がまちまちなのだが、神代《じんだい》から仁和三年八月（八八七年九月）までは律令《りつりょう》国家が編纂《へんさん》した『六国史《りっこくし》』（六つの正式な史書）があって、都から遠い地方の地震もかなりよく記録されている。それによると、八二七（天長《てんちょう》四）年の京都の地震を皮切りに東北地方日本海側〜西南日本内陸でM7クラスの地震が続き、八六九（貞観《じょうがん》一一）年には三陸沖巨大地震津波、八七八（元慶《がんぎょう》二）年には南関東大地

図19　887年仁和南海トラフ巨大地震に先立つ被害地震

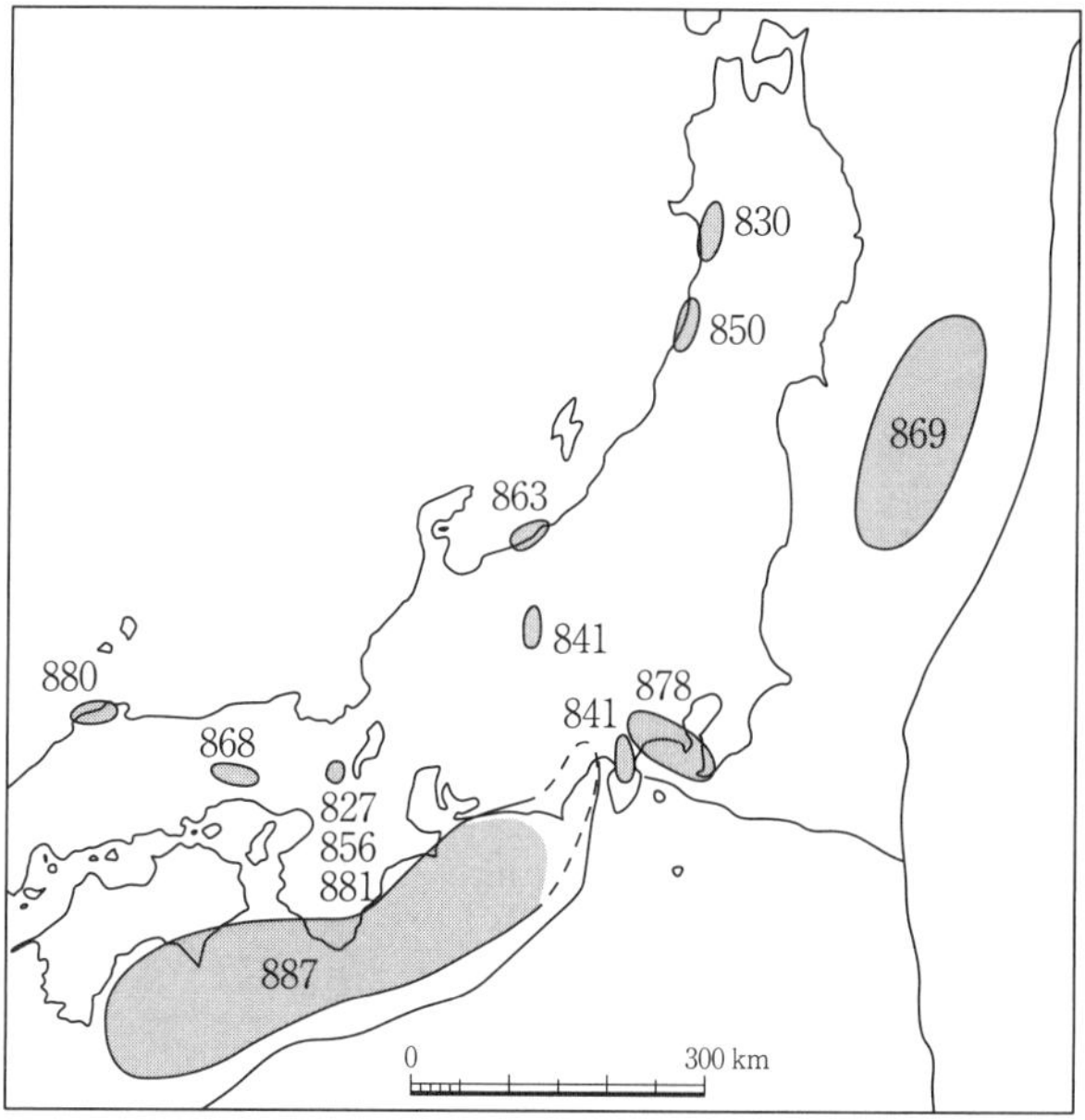

数字は西暦年。網目領域が推定震源域。
「はじめに」注2の石橋（2014）の図2-19による。

震が発生して、九年後の仁和地震に至った。この六〇年間は大地動乱の時代といえるだろう。一七〇七年と一八五四年の南海トラフ地震の前にも、北海道〜東北の日本海側、中部地方、西日本などでＭ７クラスの大地震が続発して多大の被害を生じた。

なお最近、書名に「大地変動の時代」という言葉を見ることがある。しかし、これは地学的におかしな表現で、一般の方々の地学現象の理解を歪《ゆが》めるおそれがある。日本を含む地球上の「変動帯」では、年間約八㎝の太平洋プレートの沈み込みや、年間四㎜程度の赤石山地の隆起や、火山体の地下へのマグマの供給などの「変動」が休みなく進行しているのであって、「大地変動の時代」が特別にあるわけではない。私が「大地動乱の時代」というのは、変動の急激な表れとしての大地震が集中する時期のことである。

近現代日本が初めて南海トラフ巨大地震に襲われる

現在は、一九九三年の北海道南西沖地震（Ｍ７・８、奥尻島《おくしりとう》の大津波などで死者行方不明者二三〇人）あたりから大地動乱の時代に入っているように思われる。二年後に阪神・淡路大震災が起こり、以後、鳥取県西部地震（二〇〇〇年、Ｍ７・３）、新潟県中越《ちゅうえつ》地震（〇四年、M6・8)、福岡県西方沖地震(〇五年、M7・0)、能登《のと》半島地震(〇七年、M6・9)、新潟県中越沖地震(〇七年、M6・8)、岩手・宮城内陸地震(〇八年、M7・2)、長野・新潟県境地震(一一年、M6・7)、長野県北部地震(一四年、M6・7)、熊本地震(一六年、M7・3)、鳥取県中部地震(一六年、M6・6)などのM6・5以上の内陸被害地震が続いている(いずれも、ほぼ東西圧縮力による)。今後さらに複数の大地震が起こり、南海トラフ巨大地震に至るのであろう。なお、108ページの糸静線断層帯で、南海トラフ地震とは別に大地震が発生することもありうる。京阪地方や中京地方も心配で、もしM7クラスの地震が起これば南海トラフ大震災の前に大災害が生ずることになる。

南海トラフ巨大地震のあとも、一八五八(安政五)年飛越《ひえつ》地震(M約7、死者四〇〇人以上)、一九四五(昭和二〇)年三河地震(M6・8、死者二三〇〇余人)、一九四八(昭和二三)年福井地震(M7・1、死者三七〇〇余人)などの内陸地震が起きたことがあり、将来も、このような続発地震も覚悟しておかなければならない。さらに恐ろしいことに、一八五四年安政東海・南海地震の翌年に江戸地震(M約7、死者約一万人)が発生したように、将来も首都直下地震が南海トラフ巨大地震に続くかもしれない。両者の続発はプレートの運動で説明できることである（一九九四年の拙著参照）。もちろん、首都直下地震が先に起こることも否定できない。

一七〇七年宝永南海トラフ地震の四九日後に始まったような、富士山の大噴火が誘発される可能性もある。噴火の規模やタイプによっては、静岡・山梨・神奈川三県の災害[*4]とともに、降灰などで首都機能が麻痺《まひ》することもあり[*5]、日本全体が大きなダメージを受けて、南海トラフ地震災害への対応にも致命的な影響を与えるだろう。

最近は、政府も自治体も南海トラフ地震対策に力を入れるようになってきたが、大事なことは、それだけに限定するのではなくて、大地動乱の時代の連続する自然災害全体に対して、被害軽減と復興を考えることである。

決定的に重要なのは、明治維新以来一五〇余年の近現代日本が、本格的な南海トラフ巨大地震を一度も経験していないという事実である。90ページ図9にあるように、一四〇〇年間の日本の歴史において、大地動乱の時代のピークとしての南海トラフ巨大地震は九ないし一〇シリーズしか起きていない。しかも、前回の一九四四・四六年は明らかに小型だったうえに、アジア・太平洋戦争の敗戦直前・直後の戦災時で、震災の影響は小さかった。

したがって、最後の巨大地震は江戸時代末の一八五四年だったといってよい。

つまり、科学技術と資本主義を二本柱として営々と築き上げられてきた日本の現代社会が、初めて、南海トラフ巨大地震に根底から襲われる。その影響の深刻さは、一九二三年の関東大震災や二〇一一年の東日本大震災とは比較にならない。それに対する備えは、現代社会の枠組みのなかでの戦術的な災害対策程度では焼け石に水で、社会のあり方そのものを根底から問い直さなければならない。それについては次章で考える。

次の南海トラフ巨大地震がいつごろ発生するかは、93ページに書いたように明確にはいえない。しかし、今世紀半ばころまでには起こると想定して、短期的な応急対策と、長期的な抜本的備えを、並行して進めるべきであろう。なお、断わるまでもないが、北海道～関東地方の太平洋沖などでの別種の巨大地震は心配ないというわけではない。

日本社会を揺るがす超広域複合大震災

一七〇七年宝永地震や一八五四年安政東海・南海地震と同程度の南海トラフ巨大地震が発生したときの、「超広域複合大震災」というべき状況を思い描いておこう。

ほぼ96ページ図11のように、神奈川県西部〜九州東部が震度6弱以上の強震動に襲われ、そのなかの広い範囲が震度6強以上で（内陸部や山陽地方も含む）、低平地では震度7もあるから、首都圏西部〜九州の広範囲で建物・土木施設の倒壊、屋内外の転倒物・落下物、地盤の液状化、大規模な地すべり・土砂崩れなどが発生する。時刻・季節・天候などによっては市街地延焼火災も猛威をふるう。道路・鉄道事故、交通網・ライフラインの寸断、停電・断水・エレベーター停止なども深刻である。日本海側でも、出雲《いずも》平野や若狭《わかさ》湾岸などの地盤の悪いところでは震度6弱以上となって被害が出ると予想される。

さらに、ゆったりした大揺れが一〇分くらい続く長周期強震動が西日本全域と東日本の広域を襲い、超高層ビルや大型タンクの被害がかなり遠方でも出るだろう。古い超高層ビルの損壊も起こりかねない。最近は、建物の底部に特殊な装置を設置して地面の揺れを建物に伝わりにくくした「免震構造」がタワーマンションにまで取り入れられているが、地震動の揺れ幅と周期が想定を超えた場合に思いがけない被害が生ずるかもしれない。

多くの大・中・小都市が軟弱地盤にあるので、日本の西半分で阪神・淡路大震災が同時多発するような状況になる。阪神・淡路大震災では全壊住家が約一〇万五〇〇〇棟、全焼が約七〇〇〇棟[*6]だったが、内閣府の南海トラフ地震の被害想定（二〇一九年六月の再計算[*7]）では、最悪の場合の全壊は約一二〇万棟（津波を除く）、全焼は約七三万棟である（被害想定の数字はあくまでも目安として紹介する。171ページまで同じ）。

山間部の被害も甚大で、二〇〇四年新潟県中越地震の際の山古志村《やまこしむら》（現長岡市）や一八年の北海道胆振東部地震の際の厚真町《あつまちょう》のような被災地が多数生ずるだろう。八八七年のように大規模な山体崩壊が起きて堰止め湖ができ、それが決壊して下流に大洪水をもたらしたり、山崩れで既存のダム湖が溢《あふ》れたり、ダムや堤防の決壊で洪水が起きたりすることも懸念される。地震前後に豪雨・暴風・大雪があればさらなる複合災害が心配である。

いっぽう、大津波が茨城県沿岸・伊豆小笠原諸島から九州・南西諸島までを襲う。津波の高さは多くの場所で一〇m以上、ところによっては二〇m以上で、最悪の場合は三〇mを超えるところも出る。大阪湾や瀬戸内海にも浸入し、九州西岸にも達して、津波被災地は東日本大震災よりも広大になる。内閣府の被害想定（前述の再計算）では、最悪の場合（ただし堤防や水門は正常に機能すると仮定）の津波による建物全壊は一八万五〇〇〇棟、死者は約一六万人である。堤防や水門が地震動で損壊すれば被害はさらに増える。

急激な地殻変動も広い範囲で生じる。駿河湾西岸〜遠州灘東部沿岸、紀伊半島南部、室戸岬・足摺岬《あしずりみさき》先端付近などは一m以上隆起し、浜名湖北岸、伊勢湾・紀伊水道沿岸、高知平野・須崎《すさき》市・宿毛《すくも》市（いずれも高知県）などは場所によって一m以上沈降する。四国の瀬戸内海沿岸も、地震と同時か地震後ゆっくり、沈降するおそれがある。隆起域では港湾が機能せず、沈降域は浸水・滞水が深刻である。中部国際空港と高知空港は地殻変動と津波の両方の影響を受ける。

災害の具体的様相は地震発生の季節・曜日・時刻・天候などで大きく変わるが、以上のような諸現象によって大都市圏、中・小都市、山間地域、海岸部、過疎地などのどこでも、それぞれの弱点が狙われて、相異なる多様な大被害が発生する。帰宅困難者も膨大になるだろう。最悪の場合、首都圏から九州まで面的に、阪神・淡路大震災から最近の台風・豪雨災害までのすべての地震・気象災害が同時多発するような様相を呈する。私が「超広域複合大震災」と呼ぶゆえんである。一八五四年のように巨大地震が連発したり、大余震が続発したりすれば、救援中の二次被害も生じて災害はさらに増大し複雑化する。

死者は、前述の再計算によれば最大約二三万一〇〇〇人（建物倒壊・津波・斜面崩壊・火災・転倒物・落下物による）だが、これは今後の減災努力で減らさなければいけない。ただし、車や鉄道の事故などは考慮されていない。被災者数は、人口減少を見込んでも二〇〇〇万人を超え、東日本大震災とは桁が違う（内閣府の中央防災会議によれば、ほぼ96ページ図11の揺れの想定のもとで、震度6弱以上となる地域の人口が約四〇〇〇万人）[*8]。

長びくライフライン障害やエネルギー逼迫《ひっぱく》、情報・通信インフラの寸断、物流の混乱、生産の停滞、膨大な災害廃棄物などが被災者をいつまでも苦しめる。日本の社会・経済が疲弊するだけではなくて、世界にも大きな影響を与える。将来は台風や集中豪雨の規模と頻度がますます増大すると予想されるが、地震・津波で治水施設が損壊・弱化するから、広域の河川・海岸域で毎年のように大規模な水害が生じるおそれも強い。強震動でゆるんだ斜面や山体の崩壊も、何年も多発するだろう。東日本大震災が一〇年後もまだ続いているように、南海トラフ震災も、何十年も尾を引くだろう。

被害想定は原発の事故を除外している。しかし第五章で述べたように、浜岡原発が稼働していれば「原発震災」が生じる可能性がある。最悪の場合には私が「浜岡原発震災で何が起こるか」[*9]で描いたような状況になり、首都圏にも人が住めなくなるだろう。四国電力伊方《いかた》原発（愛媛県伊方町《いかたちょう》）も、直近の活断層（中央構造線断層帯）ばかりが問題になっているが、南海トラフ地震の地震動を過小評価しており、[*10]想定外の揺れ、地殻変動、津波、大規模な余震などによる大事故が懸念される。日本海側や九州の原発もどんな影響を受けるかわからず、事故がなくても原発は電力源として頼れない公算が大きい。

南海トラフ巨大地震は過去に中国の上海《シャンハイ》方面に津波と長周期地震動を及ぼした。次の地震でも上海新都心の浦東《プートン》新区の超高層ビル街などが大混乱する可能性がある。[*11]さらに中国東海岸の原発で思いがけない事故が起こるかもしれない。大震災で壊滅に瀕している日本に、偏西風で放射能が飛来するという悪夢も荒唐無稽とはいえない。なお、最大クラスの南海トラフ巨大地震では、ニューギニア島やフィリピン諸島に高さ数m、北米大陸西岸に高さ数一〇㎝の津波が到達すると予想される。

現代社会の状況が震災を増幅する

南海トラフ巨大地震による震災で見落としてはいけないのが、現在および今後の日本社会の特質がもたらす災害の増幅だ。

第一は、少子高齢化・人口減少の進行である。二〇四五年を一五年と比べると、総人口が八三・七％（一億六四〇万人余）に、一五～六四歳人口が七二・三％（五五八〇万人余）に減少すると推計されている（国立社会保障・人口問題研究所の報告[*12]）。南海トラフ地震が今世紀半ば以降になれば、高齢者ばかりで隣近所での人命救助や消火が困難という集落が激増すると懸念される。東京はじめ都市部では、孤立した高齢者が心配である。

すでに自主防災組織の維持が困難なところも出ているが、警察・消防・自衛隊も人材難となり、緊急対応も不十分になりかねない。また、被災地の応急の瓦礫《がれき》撤去・道路確保や中長期的な復旧・復興に地元の建設業者の活躍が不可欠だが、その減少が顕著である。国交省[*13]によれば、一五年度末の建設業者数約四七万はピーク時（九九年度末）から約二二％減、一六年の平均建設業就業者数四九二万人はピーク時（九七年）から約二八％減だという。これには多くの要因が絡んでいるが、発災とともに大きな問題になるだろう。

人口減少と新築住宅の供給過剰などによって空き家問題が全国で深刻化しており（住宅政策・土地制度に根本的な問題がある[*14]）、地震時の老朽空き家の倒壊と道路閉塞が懸念される。空き家は戸建て・マンションともに今後ますます増える。

第二に、外国人の被災が大きな課題である。出入国在留管理庁によれば、[*15] 二〇年末現在の在留外国人（三カ月以上の中長期在留者と特別永住者）は、新型コロナの影響で前年末から一・六％減ったが、約二八八万七〇〇〇人にのぼる。彼らの多くは平時でも日本語学習・医療・子どもの教育などに不自由があり、技能実習生や留学生は劣悪な状況にある者も少なくない。コロナ禍でも問題になったが、震災時はさらに困難が増すだろう。多言語支援センターなどの整備とともに、避難所での宗教上の配慮（礼拝所の確保や食材制限ほか）なども欠かせない。死者が生ずれば埋葬の風習の違いが大きな問題になる。

人手不足で外国人労働者への依存がますます増えている。一八年一二月には改正出入国管理法が強行採決され（一九年四月一日施行）、受け入れ枠が広がった。しかし、外国人を安価な労働力としてみるのではなく、社会の平等な一員として迎え、災害時の困難も極力減らすべきである。すでに多くの外国人が各地でなくてはならない存在になっており、日本社会に愛着を深めて働いている人も多い。だが彼らのなかから、大震災のあまりの恐ろしさで帰国する人が出ても不思議ではない。コロナ禍で実習生が来日できずに深刻な人手不足に陥った農水産業や建設業の事例があるが、震災時にも、救援・復旧・復興・介護などに大きな支障が生ずることがあるかもしれない。

以上の問題は私たちに、日本の移民政策を早急に議論すべきことを迫っている。それと同時に、次章で考える地方の問題なども関連して、日本の産業が外国人に頼らなければ立ち行かないという根本的な不条理（と私は思う）を直視する必要があるだろう。

訪日外国人（いわゆるインバウンド）も激増し、一九年は三一八八万人だった（日本政府観光局）[*16]。新型コロナで二〇年は四一一万人に激減したが、政府は今後も積極的に増やそうとしている。観光庁や各自治体が災害時の外国人旅行者の安全確保のマニュアルを準備したりはしているが、超広域大震災発生の季節や時間次第では、地域や場所によって大きな混乱が生じるだろう。そもそも、安倍政権以来、地方創生の核と称して観光立国を過度に推進してきたこと自体に大きな問題があると思うが、それについては次章で述べる。

なお、外国との関係としては、海外資本に買収された山林や京都の町屋などが被害を受けたとき、所有者次第で厄介な問題が生じるかもしれないと懸念される。また、安倍政権下の一八年一二月に水道法の一部が改正され（一九年一〇月一日施行）、住民の生命を支えるインフラが金融投機の対象にされかねなくなったが[*17]、そこにグローバル企業が参入して震災時の緊急対応が無責任になるといったおそれがある。

大災害のたびに膨大な瓦礫（災害廃棄物）が大きな問題になる。南海トラフ大震災では西日本全体に溢れるから、それ自体が空前の災害になる。この問題の根源の一つは、経済成長のために企業が消費者の欲望を刺激してモノの生産を増やし続け（新商品の開発を含む）、消費者も目先の便利さなどから釣られてしまい、世の中にモノが氾濫していることだろう。社会全体が「豊かさとは何か」を考え直し、基本的には必要なモノだけで暮らして、それでも経済が立ち行くように変えるべきではないだろうか。

新型コロナ対策として日常生活全般にＩＣＴ（Information and Communication Technology、情報通信技術）が導入され、デジタル化とオンライン化が拡がっている。これは、二〇年九月に発足した菅政権の目玉政策とも関連している。総務省は同年一二月に、「マイナンバーカードの機能のスマートフォン搭載等に関する検討会」の「第一次とりまとめ」を公表したが、[*18] そこでは「スマホひとつで、様々な手続やサービスが利用可能」が基本方針の第一に掲げられている。一つの手段としては結構なことだろうが、突然の超広域大震災では多くの被災者が携帯電話をなくしたり、広域停電や設備の損壊でシステム障害が多発したりする。災害時には、身一つで原始的環境に投げ出されても生活再建できるような態勢が重要だ。近年もてはやされているキャッシュレスも、災害対応の技術が進んではいるようだが、超広域大震災では不安がある。「便利社会の落とし穴」が大震災で大きな口を開かないように、平時から考えておく必要がある。

膨大な被災地の救済が困難

地震対策の第一の目標は人命・財産の損失を低減することだが、それに劣らず大事なのは、生き延びた被災者が一日も早く安心できる生活環境（職を含む）を取り戻し、被災地ができるだけ速やかに応急的復旧ができるよう、条件を整えておくことである。ところが、南海トラフ地震による超広域大震災の場合、日本社会の現状はこの点が大きな問題で、膨大な被災者が長期間苦しみ、多くの被災地が疲弊していくのではないかと危惧される。

日本では毎年激しい自然災害が起きているが、ほとんどの場合、時間の遅れはあるものの被災地に外部から救援の手が差し伸べられる（十分とはいえないが）。東日本大震災でも、当初は気がつかれない被災地もあったが、徐々に救援が拡がった。内陸の盛岡・遠野《とおの》・福島市などが、かなり被害はあったものの沿岸被災地の救援拠点として機能した。しかし南海トラフ巨大地震では、甲府・名古屋・大阪市や、瀬戸内海沿岸の四国・山陽地方の諸都市も被災地になってしまう。旧城下町が多いが、それらは一般に地盤が悪い。首都圏の被害の程度が一つの鍵だろうが、全般的には救援態勢が非常に厳しいと予想される。

東日本大震災では、発災から約二カ月間に一二三の国と地域の緊急援助隊や医療チームが活動してくれた。[19] 南海トラフ大震災でも同様の支援が世界中から寄せられるだろう。しかし被災地があまりに多いから、国内外の救援隊が入らなかったり手薄だったりするところがかなり出るのではないかと懸念される。すっかり定着して頼りにされているボランティアも極度に不足するだろう。食料・水・救援物資などの国内外からの提供も不十分かもしれないし、それらを膨大な被災地末端に届けるのが困難だと思われる。

中央防災会議幹事会が南海トラフ地震の際の全国規模の応援計画などを詳しく書いているが、[20] 想定が不適切で救援計画が機能しない場合もありそうだ。例えば、島根県は想定上被害がないとして警察・消防が被災地の救援に行くとされている。しかし、震度5弱とされている出雲平野は地盤が悪く、一七〇七・一八五四年ともに被害があって震度6弱前後と推定される。次もかなりの被害が生じて島根県は自県で手一杯ということが起こりかねない。同様のことは福井県などにもあてはまる。北陸は、東西を結ぶ大動脈が太平洋側で寸断されたときの代替ルートになると期待されているようだが、推計以上の強震動で道路・鉄道も被害を受けるかもしれない。豪雨や豪雪などが重なればなおさらである。

結局、被災地はどこも、発災直後から長期間、遭難者の救出から生存者の暮らしの支えと最低限の復旧までを、近隣で助け合いながら自力で遂行しなければならない。実は前回の一八五四年南海トラフ巨大地震までは、そのようにして地域ごとに（最大、藩レベルで）災害を乗り越え、生活再建をしていたのであり、普段からそれができるような暮らし方をしていた（江戸時代には、幕府から復旧・復興資金の貸し付けを受けることがあったが）。

ところが今は、複雑な物流・情報システムや潤沢なエネルギーに支えられて過疎地といえども便利な生活をしているが、地球規模で「顔の見えない他者」に依存しており（それが「進歩」とされている）、ひとたび大地震でハード・ソフトの仕組みが崩壊すると、救援を待つほかない状況に陥るところが激増した。食料や日用品の自給もままならない。だが、それでは超広域複合大震災を乗り切れないのではないかと強く懸念される。

きわめて危険な東京一極集中

東京・神奈川・埼玉・千葉の一都三県（国交省の「首都圏白書」による東京圏）は、面積比では全国のわずか三・五％だが、首都圏であることのほかに日本最大の関東平野に位置することもあって、その人口三六五八万人は日本の総人口一億二六四四万人の二九％を占めている（総務省『日本の統計２０２０』[*21]の二〇一八年推計人口）。

地球上有数の地震の巣の直上の過密都市圏が地方の人口を吸引し、自らの震災危険度を高めると同時に全国の地震耐力を低下させてきた「東京一極集中」は、地震研究者として座視しがたく、一九九四年に前出の『大地動乱の時代』で警鐘を鳴らした。しかし、それ以降も集中が進んでいる。九四年三月三一日時点の住民基本台帳人口（ｅ－Ｓｔａｔによる）[*22]は東京圏が三二〇〇万人で日本の総人口一億二四三二万人の二六％だったから、二〇一八年までに、総人口の増加は二一二万人であるのに東京圏は四五八万人も増えたことになる。最近は地震だけでなく、超大型台風などによる大洪水も予想され、過密ゆえの避難の困難さが懸念されている。

首都直下地震は震源域の場所や深さなどが多様であり、起こり方によって被害の様相はさまざまだが、どれかがいつ起きても不思議ではない。中央防災会議のワーキンググループによる被害想定の最終報告[*23]（一三年一二月）によれば、都心南部直下地震（M７・３）では東京圏の広範囲が震度６弱以上となり、揺れによる家屋全壊約一七万五〇〇〇棟、焼失最大約四一万二〇〇〇棟、死者最大二万三〇〇〇人などで、経済損失は約九五兆円だという。さらに、強震動や液状化で海岸・河川の堤防などが損壊すれば、津波がなくても大規模な高潮・洪水災害が併発しかねない。ゼロメートル地帯が多く、そのうえ地震時地殻沈降も重なれば、広範囲の市街地・地下街・地下鉄が長期間浸水被害を受ける。

このような大地震が一八五五年のように南海トラフ地震に続けて発生したら、震災の倍増と国の中枢の崩壊という二重の意味で、首都圏から九州までの復旧と復興がますます困難となり、日本は破局的な状況になる。

したがって、東京一極集中の抜本的解消は急務である。根本的には次章で触れるように中央集権体制の解体が必要なのだが、現状において政府と一都三県の行政府は、新型コロナ対策の一環も兼ねて、人口を分散させる組織的な取り組みをおこなうべきだろう。例えば、コロナ禍で職・住を失った人々や東京脱出を模索する企業を、人材不足の地方が適切に受け入れる仕組みを、地方任せでなく拡充するなどである。

政府は、次章でみる「国土強靭《きょうじん》化」政策で「東京一極集中からの脱却等の課題について、地方創生の取組とも連携しながら（中略）国土強靭化の観点から取組を推進する」[*24]としており、「地方創生」政策でも「『東京圏への一極集中』の是正」を謳っている。しかし、「人口の一極集中やそれに伴う弊害を是正しつつも、集積のメリットや、それによるイノベーションの創出機会を最大限に活かせるような環境づくりを進め、グローバル競争におけるプレゼンスを高めていく」[*25]としていて、本気度がわからない。

実際、東京五輪に伴う交通網の整備、晴海の選手村の宅地化、地盤の悪い大手町地区の大規模再開発、谷と坂が混じって震災危険度の高い渋谷の大改造、地震・浸水危険地帯でのタワーマンション建設など、さらに集積を呼び危険性を高める行為が続いている。横浜市の、ＪＲ横浜駅～みなとみらい21地区～ＪＲ桜木町駅付近の大型ビル・施設の建設や、カジノを含むＩＲ（統合型リゾート）誘致計画も同様である。経済成長や便利さを求めてのことだろうが、過密解消を強く念頭に置いた長期的な都市計画が不可欠である。

かつて、東京一極集中の是正は直下地震による東京壊滅を待つというブラックジョークがあったが、多少の規制を伴っても、地震なみのインパクトをもつ施策によって壊滅を免れたほうがよいのは言うまでもないだろう。コロナ禍を好機ととらえ、「東京一極集中是正特別措置法」を作るくらいの意気込みで検討してほしいものである。

大阪圏の地震危険度も高い

東京と競う大阪の肥大化も、西日本各地の人口減少を助長し、大阪と大阪以外の両方の地震脆弱性を強めていて、望ましいことではない。

大阪市のかなりの部分は約六〇〇〇年前は海であり、上町台地（北端に大阪城がある）が半島のように延びていた。そのため軟弱な地層が広く分布し、地震動が増幅されやすい。中心的繁華街で大規模再開発が続く梅田《うめだ》も、もとは低湿地で「埋田」と呼ばれていた。

一七〇七年と一八五四年の南海トラフ地震時の大坂の揺れは激しく、低地では倒壊家屋や死者が多かった。さらに両地震とも、多くの堀川を遡上《そじょう》した津波が大被害を生じた。*26 次の南海トラフ地震でも、揺れと液状化や、津波の市街地・地下街・地下鉄への浸入による大災害が懸念される。

また70ページ表6の上町断層帯が大阪市の中心部を通っており、ここで大地震が起こると大被害が生じる。中央防災会議の専門調査会の報告[*27]によれば、M7・6の地震では大阪府の大部分が震度6強〜7になり、全壊・焼失の最大は約九七万棟（冬の正午、風速一五m毎秒）、死者の最大は約四万二〇〇〇人（冬の朝五時、風速一五m毎秒）、最大被害額は約七四兆円（冬の正午、風速一五m毎秒）にのぼるという。東西間の人流・物流にも大きな影響を与え、国家的災害になるだろう。地震によって市街地・地下施設の長期間の浸水被害が起こる危険性は、東京より高いかもしれない。

その大阪市は、二〇二五年四〜一〇月に人工島の夢洲《ゆめしま》で大阪万博を開催することにしており、府と市はカジノを含むＩＲの誘致を目指している。これらが過密をいっそう助長し、震災危険度をさらに高めることは疑いない。

なお、詳しくは述べないが、京都盆地と奈良盆地もそれぞれ活断層に縁取られていて、大地震に襲われる可能性がある。京都は、平安時代から江戸時代まではいくつも大地震が起きており、一八三〇（文政《ぶんせい》一三）年を最後に静かなのがむしろ不気味である。

名古屋圏に関して前述の中央防災会議の報告は、猿投《さなげ》―高浜断層帯の地震（M7・6）と名古屋市直下の地震（M6・9）による被害想定を記している。ともに名古屋市を含む愛知県西部に震度6強以上の強震動を及ぼし、最大の建物全壊・焼失と死者が、前者では約三〇万棟と約一万一〇〇〇人、後者では約一四万棟と約四二〇〇人だという。

第七章　「超広域大震災」にどう備えるか

ポストコロナの日本のあり方

南海トラフ巨大地震対策として、各地で津波避難タワーや防潮堤の建設、集落や重要公共施設の高所移転、構造物の耐震補強、避難訓練など、さまざまな取り組みが進められている。それらは大事なことだが、被災者の生活再建と社会全体の復興までを考えると、より根元的な備えが不可欠だと思われる。本章では、それについて議論する。

いっぽう私たちは今、ＣＯＶＩＤ―19の世界的大流行（パンデミック）という災害の真っ只中にいる。日本は、二〇二一年四月末現在、ワクチン接種で諸国に後れをとっており、変異株が猛威をふるっていて、今後どうなるか予断を許さない。しかし、何とか終息したのち（ポストコロナ）の日本社会がどうあるべきかを考えることも重要である。そこで、まずその問題から始めよう。

今回の事態は私たちの文明社会に運悪く突き刺さったトゲのようなものであり、最新の医療技術と科学技術で除去し克服したら、以前の社会経済活動をいっそう推し進め、生産と消費をさらに拡大し、ヒト・モノ・カネのグローバルな動きを回復すべきだと考える人もいるかもしれない。「人類がウイルスに打ち勝った証《あかし》として東京五輪を開催する」という安倍前首相の発言（二〇二〇年三月二四日、国際オリンピック委員会バッハ会長との電話会談など）や菅首相の言葉（二〇二〇年一〇月二六日、国会所信表明演説など）は、そのような考え方につながるものだろう（ただし五輪は、二一年四月末現在、どうなるかわからない）。

しかし私は、今回のパンデミックは後述のように現代文明が必然的に招いた災厄であり、ポストコロナでは私たちの暮らし方や社会のあり方を根本的に変えなければいけないと考えている。一言でいえば、経済成長至上主義のもとで集中・大規模・効率・高速などをよしとしてきた従来の価値観をあらため、分散・小規模・余裕（ゆとり）・ゆったりなどを社会の基本に据えるべきだと思う。

ただし、私がこのように考えるのは、パンデミックを目の当たりにしたからだけではない。私は一九九四年の旧著[*1]以来、震災論の立場から基本的に同じことを主張してきた。コロナ禍においても、その考えが間違っていなかったと再確認したのである。

折から、国内では人口減少・少子高齢化が加速し、国際的には、地球温暖化防止のために人間活動全般を見直さなければならない時代になっている。一八年一〇月にはＩＰＣＣ（125ページ）が、地球温暖化を一・五℃以内に抑えることが緊要であり、人類社会のあらゆる側面で急速かつ広範に、これまでに例を見ないような変革が必要だとする特別報告書を公開した[*2]。無限の経済成長はありえず、定常経済を目指すべきだろう。

私は新型コロナの大流行が始まる直前に雑誌『世界』二〇年三月号に寄稿した震災論[*3]で、日本を地震に強い社会に変革するために、第一次産業の復権と分散型国土の創出、成長信仰からの脱却と国際分業・自由貿易至上主義の是正、過度の観光立国の見直しなどを訴えたのだが、それは図らずもポストコロナ論に通じるものだった。日本社会の地震対策と感染症対策は別々のことのように扱われるが、根本は同じであり、ポストコロナでは地震に対する根源的備えを同時に考えなければならないのだ。

新型コロナの大流行で見えたこと

ＣＯＶＩＤ―19のパンデミックは、専門家の間では予見されていたといってもよさそうである。例えば環境ジャーナリスト・石弘之《ひろゆき》氏の『感染症の世界史』*4には、中国発の新たな感染症が春節（中国の旧正月）のころに世界に拡がるという予想が述べられている。

私たちは何となく、感染症は医学の進歩で制圧されつつあると思っていた。しかし今回、人間が森林破壊などによって未知のウイルスや細菌を次々に引き出し、都市で新たな感染症を拡大し、多くの感染者が高速の交通機関で世界を移動して短期間にパンデミックを生じることを思い知らされた。東京をはじめとする日本の過密都市も、繁栄の象徴のように思われていたが、国内に大流行を拡げる中心舞台となった。まさに現代文明が招く災厄である。今の暮らし方を続ければ、今後も未知の感染症の大流行が起こるだろう。

コロナ禍で私たちが学んだ大切なことは、未知の感染症の再来襲のほか、地球規模の自然災害（例えば、異常気象や大規模火山噴火による世界的な急性気候変化と凶作）、海外の原発大事故、テロ、戦争などの不測の出来事で世界の生産・物流が大混乱することを想定して、そういう事態に強い暮らし方に転換すべきことであったと思う。それは、領土や主権に対する脅威に軍事力で対抗する「伝統的安全保障」とは別の、「非伝統的安全保障」と呼ばれることの一種であろう。大震災に対する根本的備えに通じるものである。

コロナ禍の初期に、一般向けマスクや医療用装備が輸入に依存していて入手困難となり、多くの人が驚いた。また一時、食料品産出国が輸出を規制して世界的な食糧危機が起こるかもしれないという話も出た。これらを教訓として、経済効率最優先で国際分業に安易に浸《つ》かるのではなく、平時においても食料や生活必需品は国内でまかなうべきだろう。したがって産業も、輸出産業やサービス業偏重とせずに、非常時に生活に必須となる基礎的産業（「基幹産業」ではない）を平時も一定レベルで健全に維持すべきだと思われる。かねて心配されている食料安全保障は、非伝統的安全保障の最たるものである。

そもそも今回の新型感染症大流行は災害なのだから、医療の逼迫をはじめとする苦い経験（政治の責任が大きいが）は将来の大災害への備えに積極的に活《い》かさなければならない。しかしそのような議論が少ないように感じられる。

日本を弱くする「国土強靱化」と「地方創生」

超広域大震災への根元的な備えに話を戻すと、東京など大都市圏の過密と地方の過疎を根本的に解消し、都市と地方それぞれの地震強靱性を高めることが急務である。揺れや津波に強くするだけではなく、被災後の緊急対応力と回復力を強めなければならない。

二〇一二年一二月に発足した第二次安倍政権以来、前章で触れた「国土強靱化」と「地方創生」という政策が進められている。読者は、その名称から、これらの政策で地震に強い地方および日本ができるように感じるかもしれない。しかし実状は、これらを続けても、地震・火山・気象の大規模自然災害や、パンデミックを含む地球規模の非常事態に対して、真に強靱で逞《たくま》しい日本を作ることはできないと思われる。

「国土強靱化」[*5]は、いわゆるアベノミクスの第二の矢である「機動的な財政政策」の目玉とされた。ソフトとハードの対策を組み合わせて「強くてしなやかな」国土・社会を構築するというが、災害対策のインフラ整備という公共投資が中心である。この政策に呼応するように、二〇一八年六月に土木学会が「『国難』をもたらす巨大災害対策についての技術検討報告書」を公表した。[*6]そのなかで、南海トラフ地震による長期的経済被害が発災から二〇年間で一四一〇兆円にのぼるが、公共インフラ整備を進めれば被害額を大幅に軽減できるとして、国土強靱化計画の強化を提言している。

しかし、財政も人手も厳しくなり、脱成長を模索すべき今後は、大量のインフラ整備はふさわしくないと思われる。技術の粋を尽くした橋や道路でも地震被害がありうるが、その場合や老朽化したとき、これからの時代は再建や補修が困難になる。もちろん災害軽減のために不可欠なインフラの整備は必要だが、自然を大改造するような大規模なものは避け、自然力に逆らわない比較的簡素なものを地元の業者主体で造るのが望ましいだろう。

なお、地域の中小建設業を元気にしておくことは強靱化のために必須である。

「地方創生」は、一四年九月に発足した第二次安倍改造内閣が最重要課題としたもので、内閣の「まち・ひと・しごと創生本部」のもとで続けられている。[*7] アベノミクスの効果が地方に届いていないという不満を受けて始められ、「ローカル・アベノミクス」ともいわれた。それは、「活力ある地域社会」の実現と「東京圏への一極集中」の是正を目指してはいる。しかし、総合戦略は総花的で、地方創生という言葉に政権が酔い自治体が踊らされているだけだという批判[*8]もあって、目立った成果はあがっていない。二〇年度から第二期となったが、今後もあまり期待できないだろう。要するに国土強靱化も地方創生も、経済成長信仰の表出にすぎないから、むしろ日本をますます脆弱にしかねない。

「東京圏への一極集中」と地方の過疎・衰退の元凶は、日本の政治・経済・文化の中枢が東京都区部に集中している「東京一極集中」である。それは、明治維新以来の中央集権体制が一九四五（昭和二〇）年の敗戦ののちも解消されず、むしろ強化されているために生じている。したがって、現状を根底から変えるためには中央集権国家の「かたち」を改めなければならないだろう。しかし、その問題は本書のテーマを超える。以下では、地方の衰退のもう一つの大きな要因と考えられる産業・貿易に関して私見を述べたい。

自立的な地方からなる農水産立国に転換を

私は、超広域複合大震災や、新たなパンデミックや、海外の原発の重大事故による世界的大混乱などに対して真に強靱な日本社会とは、国として食料および生活必需品の安全保障が基本的に確保され、県単位くらいの各地域でも、最低限の自活ができる程度の人的・物的自給態勢（医療システムなども含む）が日頃から機能している社会だと考える。

それには各地域が平時から、多様な職業の老若男女が暮らし、小規模分散型のエネルギー自給や食の地産地消を基本とし、ある程度の自給自足的・域内経済循環型の社会になっている必要がある。そして日本を、自立的な地方からなる分散型社会に変革することが望ましい。人口減少は、それ自体が大問題なわけではなくて（年齢構成の高齢化は望ましくないが）、地域分布の偏りが問題なのだ。

「限界集落」や「消滅自治体」といった言葉によって過疎地は消滅してもよいという空気があり、一四年五月には、全国八九六市町村が「消滅可能性都市」だとする日本創成会議の発表が大きな議論を呼んだ。[*9] しかし、極度の危険地域などは別として、住み続けたい人々を排除するのは「棄民」にも通じる。地域ごとに人口を集約するのがよいという考え方が強いが、無住地の拡大は国土の荒廃と脆弱化を進行させる。山地が荒れれば下流域の洪水・土砂災害が激化するし、沿岸の漁業資源にも悪影響を与える。

強靱な国土と社会にするためには、壊滅に瀕している農林水産業を全面的に復興する必要がある。そのためには必然的に、国際分業・自由貿易至上主義から脱却すべきであろう。節度ある貿易は不可欠だが、「自動車を大量輸出して食料は輸入すればよい」的な姿勢は、非伝統的安全保障とは相容《あいい》れない。コロナ禍を機に、そして超広域大震災に備えるために、貿易依存度を減らす相対的アウタルキーを真剣に検討すべきではないだろうか。地方における仕事の創出というと、最先端技術を用いた（ある意味ひ弱な）虚業的なものが考えられがちだが、あえて極言すれば、地道な「農林水産立国」に転換するくらいでないと地方の人口は安定しないと思われる。

風土に根ざした地方が根幹

多くの過疎地は、東京一極集中や地域の大都市集中の影響も大きいが、第一次産業が衰退して生じたともいえる。そして、日本の食料自給率は三八％（二〇一九年度、カロリーベース）で、[*10] 先進国中最低レベルである。これは、食生活の変化の影響もあるが、生産と貿易に大きな原因があり、くり返しになるが、農水産業を本気で復興する必要があるだろう。174ページで触れたIPCCの一・五℃特別報告書は、個人の行動として「地元の旬《しゅん》の食品を買う」ことを推奨しており、地球温暖化防止のためにも国内各地で日常の食料が生産されることが重要である。

それは、ひとたび超広域大震災に襲われたときにも強みとなる。農水産施設が被害を受け、震災で販路もなくなり、大損害を蒙《こうむ》る生産者も多数生じるだろうが、それに対しては別途対応を考えて、廃業を極力抑えなければならない。

安倍前首相は、アベノミクスの第三の矢の「成長戦略」の一つとして「攻めの農林水産業」を掲げ、農林水産物の輸出倍増、六次産業化、生産性向上のための農地集約を打ち出した。もちろん日本の優れた農林水産物に磨きをかけて輸出するのはよいことだが、今もっとも必要なのは輸出産業以前の、近隣に日常の食材を提供し、食料自給率を高める基礎体力としての農水産業だろう。

一七年一二月の国連総会で一九〜二八年を「国連の家族農業の一〇年」とすることが全会一致で可決され、一八年一二月の国連総会では「小農と農村で働く人びとの権利に関する国連宣言」が採択された。[*11] 日本でも、地域ごとの風土（気候や地形・地質など）のもとで、集約には向かない農地（棚田など）で生産している小規模農家を、人の生き甲斐《がい》の尊重という意味も含めて、大切にすべきだろう。彼らの土地に対する愛着は国土と景観の保全にも大きく貢献している。地の利や作物によっては大規模経営や、先端技術を駆使したスマート農業もありうるが、企業が家族農家を潰すようなことがあってはならない。多様性が大事であり、小農が増えて地域が賑《にぎ》わうことが非常に重要だと思う。

一八年一二月には水産業の「成長産業化」を目指した改正漁業法が成立した。[*12] しかし、これも企業の参入を拡大するもので、例えば津波被害が生じたとき、地域に生きる小規模漁業者の復興意欲をそいだりしないか懸念される。

国土の森林率が六七％（一七年三月現在[*13]）の日本では、一九六四年の木材輸入の全面自由化で衰退した林業の復興が根本的に重要である。それは地震や暴風雨による山崩れの低減のためにも不可欠だ。南海トラフ地震被害が甚大な和歌山・徳島・高知県は森林率が高いから、人を増やして防災力を高めることにつながる。超広域複合大震災後の木材需要にも対応できるだろう。ただしここでも、安倍前政権の政策により大企業や外国資本が地元の業者を蹴散らし、大規模伐採で国土を荒らすおそれが出てきた（一九年六月の国有林野管理経営法改正[*14]）。山に暮らす人々を大幅に増やし、地域再生の切り札として、「林業立国」を掲げてもよいくらいである。ドイツやオーストリアから学ぶ点が多いという。[*15]

人・職業の再配置と「労働者協同組合」への期待

最近、各地の高齢化した農山漁村に、都会の若者が単身や家族で移住して仕事の担い手になりつつある。以前からそういう話はあったが、コロナ禍のなかで「田園回帰」が増えているという。作業はきつく、収入の不安もあるだろうが、現地の支援制度も増えており、大自然の恵みを直接引き出す仕事に充実感と喜びを感じる人々が多いようである。いっぽう都会では、職・住を失って食にも事欠く人や、やり甲斐を感じない低賃金の仕事で潰れかけている人がますます多くなっている。この国のあり方のグランドデザインを描き直したうえで、人と職業の抜本的な再配置を考えるべきではないだろうか。

一四年の旧著[*16]や前出の『世界』の拙稿で、働く全員が出資者・経営者でもある「労働者協同組合」[*17]（ワーカーズコープ、以下、労協）の重要性を指摘した。地域の活性化と震災後の被災者の仕事の維持の両面で有効と考えたからである。法人格を得て活動しやすくなるように法律の制定を望んでいたが、二〇年一二月の臨時国会で超党派の議員立法の「労働者協同組合法」が全会一致で成立した。[*18]今後、自治体との連携もしやすくなる。

労協は、株式会社が株主の利益最大化を目的とする営利企業であるのと異なり、営利を目的とせず、組合員一人ひとりが納得して働きがいを感じる事業をおこなって地域に貢献しようとする（もちろん利益をあげて、組合員の生活を養い、地域に還元する）。欧米では確実な経済主体として歴史も長く、銀行・製造業・スーパー・学校などを擁する大きなグループもある。ＩＬＯ（国際労働機関）が推進するディーセント・ワーク[19]（働きがいのある人間らしい仕事）にも合致する。日本では福祉関係の事業が多いようだが、地域の特性に合わせた製造・流通・エネルギー・交通なども手がけて、地域経済の中心になるとよい。震災でどれかの業種が大打撃を受けても、グループ内のほかの業種でカバーして失職者を出さずに復興に貢献することが可能だろう。「働くこと＝会社に雇われること」という通念を打破し、労協が地方の若者の主要な就業先になることを期待したい。

風土と安全を脅かす自由貿易至上主義

戦後の経済発展を貿易に大きく依存してきた日本は、一九五五（昭和三〇）年にＧＡＴＴ《ガット》（関税と貿易に関する一般協定、一九四八年発足）に加盟し、その多角的自由貿易体制の恩恵に浴してきた。GATTを発展させた世界貿易機関（WTO、九五年設立）の農業交渉においては、二〇〇〇年に、行き過ぎた貿易至上主義へのアンチ・テーゼとして「多様な農業の共存」を主張する「日本提案」を提出した。[20]これは一九九九年に制定された「食料・農業・農村基本法」の基本理念でもあった。[21]しかし交渉が行き詰まり、日本は、全世界を相手に理念を訴える多角的交渉から、貿易や経済関係の利害得失ばかりを追求する二国間のFTA（自由貿易協定）やEPA（経済連携協定）による自由貿易推進に舵《かじ》を切った。現在は、二一年一月の日英EPAを含めて、二国間ないし地域間の一九のEPAやFTAを発効させている。[22]それらは安倍政権下で、輸出による成長戦略の要に据えられた。

これらによって、自動車をはじめとする日本の工業製品などに対する相手側の関税が下がって輸出が伸びる一方で、諸外国の多くの農産品などの輸入関税も撤廃ないし段階的に低減される。外国産食品の価格が下がることが朗報のように報道されるが、国内の農家・酪農家をさらに圧迫し、食料自給率に悪影響を与えることは確実だろう。

自由貿易論議では第一次産業もビジネスとしかみないが、大地や海原の恵みを収穫する農林水産業は、その場所に生きることと一体である。その営みが衰退すれば人が消え、地域は衰亡する。その結果、国土が荒廃し、過疎地が増え、都市が過密になり、両方の災害リスクが高まって社会全体が脆弱になることは、すでに述べたとおりである。

国際分業・自由貿易の理論的根拠とされるイギリスの経済学者デヴィッド・リカードウ（一七七二―一八二三）の「比較優位論」は、国際経済学の教科書[*23]の最初に出てくるが、世界には二国・二財・一つの生産要素（労働）のみが存在するなどの非現実的な仮定にもとづいている。リカードウ[*24]はイギリス（E）とポルトガル（P）の毛織物とワインを仮定し、Eは毛織物生産が、Pはワイン生産がそれぞれ比較優位（労働が相対的に少ない）だったとしたら、Eは毛織物、Pはワインに生産を特化して、それらの財を輸出し合うのが両国のメリットになると論じた。

この論は一部に批判もあるが、経済学では圧倒的に信奉されている。しかし、仮定の非現実性のほかに、（経済学の常なのだろうが）労働の人間性を無視している点が納得できない。つまり、EにもPにも、それぞれワイン、毛織物を生業《なりわい》として作りたいと思う人々や集落があって不思議ではないのに、それをまったく無視している。日本の農水産業を考えたとき、こんな比較優位論で自由貿易を押し付けられたらたまらない。

なお、「貿易自由化は経済成長を促す」とか「保護主義が世界恐慌と第二次世界大戦を引き起こした」という定説も自由貿易を後押ししているが、これらの説は、多くの研究や歴史的事実からみて妥当ではないという。[*25]

本当に守るべきものは風土と歴史に根ざした住民の安全で穏やかな暮らしである。国際分業と自由貿易を偏重すると、産業構造をいびつにして、それを自ら破壊することになる。日米貿易協定[*26]を結んだ米国はさらなる譲歩を迫るだろうし、政官財による国際貿易交渉ではＩＳＤＳ（投資家対国家間の紛争解決）条項も許して、例えば自治体による地震安全規制が多国籍企業から訴えられ、国際仲裁裁判所で敗訴するような事態さえ生じかねない。

国際社会で貿易は必然だが、ポストコロナでは、地球温暖化も見据えて、節度ある新たな貿易秩序を構築すべきだろう。日本は、超広域大震災に備えるためにも、それを世界に働き掛けるべきだと考える。

危うい観光立国

私は新型コロナ流行直前の『世界』の小論（１７４ページ）で、外国人観光客の地震被災に関連して、「観光立国は慎重に考えたほうがよい。小さな自治体の訪日客頼みの観光経済は、超広域大震災で旅行者が長期間減少したときに破綻するリスクもある」と書いた。その懸念はパンデミックによって現実のものとなってしまった。この苦い経験を踏まえて、観光産業の再生を図りつつも観光「立国」は再検討すべきだと思うが、政府は、インバウンド推進が菅首相の肝いり政策であることから「三〇年に訪日客六〇〇〇万人」の目標を堅持するという。[*27] 菅首相は二一年一月の施政方針演説でも「世界の観光大国を再び目指す」と述べた。だが、これは危険なことである。

第一次安倍内閣の〇七年一月に「観光立国推進基本法」が施行され、一二年一二月に発足した第二次安倍内閣では、海外の成長を取り込む一つとして観光立国の推進が挙げられた。その後いろいろな手が打たれて訪日外国人が急速に増え、一九年には三一八八万人、[*28] 消費額が四・八兆円[*29]と過去最高を記録した。ところが二〇年は、東京五輪もあって四〇〇〇万人を超えるかと思われていたのに、四一一万人に激減した。[*30] 観光業の裾野は広いから、影響は計り知れない。

性急な観光立国政策に伴う負の面は、一五〜一七年ごろから多くの点で目に付くようになっていた。観光公害ともいわれ、溢れかえる訪日客による地元住民の日常生活への悪影響、貴重な観光資源そのものの劣悪化などである。アイスランド・スペイン・イタリアなどでも住民の観光事業に対する抗議行動などが報じられた。質の悪い宿泊施設の急増も問題であった。今回のコロナ災害では、老舗の旅館などでも廃業に追い込まれたところがあるだろうが、最近数年間に観光立国を当て込んで新規参入したり、規模を拡大したりした業者の被害に関しては、過熱を煽《あお》った政府の責任が重いというべきだろう。

安倍前首相は、観光を成長戦略の柱に位置づけ、とくに「観光立国は地方創生の起爆剤」（一八年一月の施政方針演説）、「観光立国によって全国津々浦々、地方創生の核となる、たくましい一大産業が生まれた」（一九年一月の施政方針演説）などと述べた。しかし衰退した地方を、第一次産業を隆盛させうる良質な資源や環境（土地・海・気候）と高度な技術がありながら、着実な生産業で興隆させようとせずに観光を最重要視したのは、安倍政権の重大な失政だと思う。

もちろん観光は、日本人の国内旅行であれ、海外からの訪日であれ、非日常性の体験、新たな自然・文化・風土・飲食・交流の発見、狭い自分の世界の見直しなどさまざまな点で貴重な行為であり、それを提供する観光業は重要である。とくに海外からの客に日本のよさをより深く知ってもらい、滞日を楽しんでもらう事業は大切にしなければならない。しかし、「お客次第」「水もの」のサービス業であることも厳然たる事実である。農林水産業や製造業に比べて、「立国」の柱に据えるには荷が重いといわざるをえない。

地震国を理由に社会活動や私たちの暮らしを萎縮させるのは絶対によくないが、健全な心構えや備えは不可欠である。その意味で、南海トラフ巨大地震が迫り、首都直下地震がいつ起きても不思議ではない日本で、観光を「立国」の柱にすべきではない。前述のように、超広域大震災では外国人観光客を巻き込んで混乱が増幅され、多くの外国人死傷者が生じることと、観光業が今回以上に長期間の打撃を受けることが予想されるからである。観光事業の野放図な拡大を抑制し、よくいわれるように、量より質を目指すべきだろう。

超広域大震災に備えて分散型の社会と国土を創ろう

ＣＯＶＩＤ―19のパンデミックがいつごろ終息するのか、南海トラフ巨大地震や首都直下地震がいつごろ起こるのか、今はまったくわからない。しかし、新たなパンデミックはいずれまた人類を襲うだろう。南海トラフや首都直下やそれ以外の大地震も必ず起こる。私たちはそう考えて、しかしクヨクヨせずに、非常事態に対して強靭で平常も暮らしやすい、穏やかで美しい社会と国土を創っていくのがよいと思う。

それは非伝統的安全保障が強固な社会である。鉱物資源などに恵まれない点はあるが、各種の生産技術は高いのだから、「観光立国」などに走らず、第一次産業を復興することにより一次・二次・三次産業をバランスよく興し、地場産業をもっと盛んにして分散型の社会と国土にすべきだろう。大地震・大洪水・大規模噴火で首都圏をはじめとする大都市圏が激甚災害を受ける前に、社会機能と人口を分散させなければならない。

二〇二〇年度から第二期に入った「地方創生」では、地域におけるＳｏｃｉｅｔｙ《ソサエティ》５・０の推進や、地方創生ＳＤＧｓ《エスディージーズ》の実現などが戦略目標に加えられた。Ｓｏｃｉｅｔｙ５・０とは、狩猟、農耕、工業、情報の社会に続く五番目の社会で、仮想空間と現実空間を高度に融合させたシステムにより、少子高齢化、地方の過疎化、貧富の格差などの課題が克服されるという。[*31] ＳＦのような話だが、過疎や格差は技術ではなく政策で解決すべき問題だろう。なお最近は、最先端のデジタル技術で「幸せ」が来るように言われるが、人間はアナログ的な面が強いから、デジタル漬けには心身が堪えられないかもしれず、近い将来、「デジタル難民」の高齢者ではなくてヨーロッパあたりの若者から、「先端技術から自由である権利」が主張される事態が起こるかもしれない。

SDGsとは、一五年に国連サミットで採択された「持続可能な開発目標」(Sustainable Development Goals)である。[*32] 環境や開発に関して世界各国の政府・民間・個人が三〇年までに達成すべき一七の目標と一六九のターゲットからなる。ただし、解釈次第で経済成長偏重の政策に援用されるおそれもある。

私たちは今、少なくとも過去五〇万年以上にわたって淡々とくり返してきた南海トラフ巨大地震に、一五〇年ぶりに襲われようとしている。その時間スケールに比べれば一瞬のような現代に、経済成長という観念に呪縛され、自然災害に弱い暮らしを拡大してきた。しかし、有限の地球上で無限の経済成長はありえないのだから、その呪縛を解き、成長の論理である「大規模・集中・効率・高速」といった価値観と訣別《けつべつ》すべきであろう。それが、超広域大震災への最善の備えにつながると思われる。リニア中央新幹線建設の是非も、そのような文脈で考えるべきだろう。

第八章　リニア中央新幹線の再考を

第二次国土形成計画とスーパー・メガリージョン構想

二〇一五年八月に「第二次国土形成計画（全国計画）」が閣議決定された。[*1] これは、急激な人口減少や巨大災害の切迫などに対応しておおむね一〇年間の国土づくりの方向性を定めるものだが、「対流促進型国土の形成」を基本構想に据えている。「対流」というのは、多様な個性をもつさまざまな地域間のヒト、モノ、カネ、情報の活発な流れのことだという。計画は、大都市圏間の対流を促進し「スーパー・メガリージョン」（三大都市圏が一体化した世界最大のメガリージョン）を形成するものとしてリニア中央新幹線を重視している。スーパー・メガリージョンはイノベーションを創出し、海外からヒト、モノ、カネ、情報を引きつけて世界を先導するという。

これを受けて国交省は、一七年八月に「スーパー・メガリージョン構想検討会」を設置し、一九年五月に最終とりまとめを出した。[*2] それは、スーパー・メガリージョンは人口減少下において、リニア中央新幹線による対流の活発化とそれによる新たな価値の創造を図り、日本全体の持続的な成長につなげていくコアになる、と謳っている。

しかし第二次国土形成計画もスーパー・メガリージョン構想も、「個性ある地方の創生」などを含めてはいるが、結局は「巨大」や「集積」の重視であり、東京圏〜大阪圏への一層の人口集中と地方のさらなる過疎・衰退を加速する考え方だろう。

来日外国人にとっては、観光であれビジネスであれ、移動中に日本の景色を見るのも楽しみだろうから（とくに富士山）、ほとんどがトンネルのリニア中央新幹線が魅力になるかどうかは疑問である（これは日本人も同じかもしれない）。第八回中央新幹線小委員会（二〇一〇年九月二九日）の有識者ヒアリングで伊藤滋《しげる》早大特命教授（国土・都市計画）は、リニアはビジネスマン用だとして、「それは一にかかって、トンネルであると。一番いいのは、テレビなんかつけないで、真っ暗にして、手元に薄いライトでもつければ、仕事をしますよ、みんな」と述べた。利用者の満足度を重視する橋山禮治郎氏は、「傍聴していた筆者は目眩《めまい》がした」と書いている。*3

スーパー・メガリージョン構想検討会は、座長が中央新幹線小委員会委員長だった家田仁氏だから当然かもしれないが、将来の国土構造を考えるにあたって、リニア中央新幹線の地震脆弱性も南海トラフ地震による超広域大震災のおそれも念頭になかったらしい。皮肉なことに、第二次国土形成計画とスーパー・メガリージョン構想がリニア中央新幹線を持ち上げていることが、リニアの時代錯誤性を端的に示している。

リニア計画決定プロセスの重大な問題点

第一章の冒頭に記したように、リニア中央新幹線の法的根拠は全幹法にある。しかし第一章を書き始めたとき、私は、同線は全幹法の規定に適合していないと感じた。

冒頭に書いたように、全幹法は「新幹線鉄道による全国的な鉄道網の整備を図り（中略）地域の振興に資すること」を目的としており、「新幹線鉄道の路線は、全国的な幹線鉄道網を形成するに足るものであるとともに、全国の中核都市を有機的かつ効率的に連結するものであって、第一条の目的を達成しうるもの」と定めている。ところがリニア中央新幹線は、在来型新幹線とはまったく異なる走行方式のためにそれだけが遊離していて、「全国的な幹線鉄道網を形成するに足る」とは言いがたい。しかも、東京・大阪を一時間で結ぶことが目的であって「全国の中核都市を有機的かつ効率的に連結するもの」でも「地域の振興に資する」ものでもない。中間駅が追加され、その効能が書きたてられているが、後付けであって主眼ではなく、実際どれほどの効果があるか疑わしい。

全幹法の基本計画路線としての中央新幹線であるならば、山梨県・長野県・岐阜県それぞれの複数都市を通る在来型新幹線のほうが、全国的な幹線鉄道網の一環として適切だったと考えられる。しかしJR東海が、「超電導リニアの技術ありき」で自社の経営の都合を国策に便乗させ、強引にリニア中央新幹線を実現させてしまった。同線は、三県の諸都市が新幹線鉄道網に組み込まれる可能性を奪ったといえる。

この計画決定プロセスに関しては、橋山氏が前出の著書で鋭い批判を加えている。

橋山氏は、基本計画で決められている中央新幹線を実現するならば、建設主体と財源についての従来の整備方式を変更して一民間会社に委ねてよいのか、駆動方式に新たな磁気浮上リニア方式を認めるかは、今後の国全体の鉄道整備政策にとって慎重に検討すべき問題だという。しかし、中央新幹線小委員会は初めからリニアを前提にしていてまったく議論せず、政府は、今世紀前半最大の国家的プロジェクトであるのに、JR東海が打ち出した従来の新幹線とは異質の計画を、全幹法の趣旨を無視して整備計画へ格上げした。「これほど立法の趣旨を無視し、欺瞞《ぎまん》に満ちた整備新幹線決定は過去にない」と憤る。

同氏は、高速鉄道網を分断するような軌道選択こそ国家的重要決定事項であるのに、小委員会委員、担当大臣、閣議了解も閣議決定もしなかった民主党政権、それを継承して計画を推進しようとしている自民党政権の無定見と無責任は、歴史的汚点として後世に残るだろうという。しかも政府は、国会に報告して了解を得る手続きもとっていない。

橋山氏は、国会の怠慢と、行政に対する監視機能の欠如も厳しく批判している。同氏によれば、国会は、リニア計画が万一失敗した場合の責任の所在、リニアという交通機関の位置づけ、これが国益に沿うものか否か、審議すべきであるのに、常設の国土交通委員会でも政策論議をいっさいせずに政府の決定を傍観してきた。

現在のJR旅客六社体制が持続不可能で、遠からず再編が避けられないというのが橋山氏の予測だが、再編問題にリニア計画の今後の推移が直結してくることを政府・政治家・ＪＲ東海・ＪＲ各社とも念頭に置かなければならないと指摘している。

小委員会の答申案は交通政策審議会の了解も得ずに直接国交大臣に提出された。これも、橋山氏がいうように指弾されるべきことだろう。小委員会は、二〇一〇年二月の国交大臣の交通政策審議会に対する諮問（28ページ）が、陸上交通分科会を経て鉄道部会に付託されたため、同部会の運営規則にもとづいて設置された。調査審議させるためだが、その結果（答申案）は当然部会に報告すべきであったろう。審議会と分科会の付託文書はいずれも付託先に対して「〇〇において審議され、その結果を報告されるようお願いします」と明記している。しかし、一一年五月一二日の第二〇回小委員会で答申が「決定」され、そのまま大畠国交大臣に提出された。橋山氏によれば、佐和隆光《さわたかみつ》交通政策審議会会長（当時）は「時代認識と文明的視点から異論もあるのでは」という見解を述べたそうで、さすがだと思うが、それも無視された。国交省鉄道局と家田小委員会委員長（鉄道部会長でもあった）の専横というべきではないだろうか。

ＪＲ東海は、全幹法による中央新幹線として自己負担で建設することが自社の長期持続的な安定経営に資すると判断して手続きなどを進める（27ページ）としたわけだが、第三回小委員会において金子慎《しん》常務取締役（一八年四月から代表取締役社長）は、全幹法によるなら国家プロジェクトだと認めつつ、民間企業の経営の自由と投資の自主性の大原則が確保されなければ困るという趣旨の発言をした。原発が国の政策を民間にやらせるという形の「国策民営」であるのに対して、リニア中央新幹線は国の政策を民間が都合よく利用する形の「国策民営」になっている。

リニアは新たな災害要因

リニア中央新幹線は、それ自身が南海トラフ巨大地震で被害を受けて、震災を増幅・拡大し複雑化するほかに、新たな災害の要因になるおそれが強い。

順不同だが、第一に、各地で大規模土砂災害が増加する危険性がある。長大なトンネルの掘削や、工事用の道路・施設・立坑・斜坑などの建設を含めて、山岳地帯を中心に地形を変え、大量の残土を排出し、その不完全な処理が懸念されるからである。南海トラフ巨大地震の際のことは第四章に書いたが、地震時以外にも、集中豪雨などが激甚化・頻発化している今日、新たな大規模災害の増大が危惧される。

第二に、リニア中央新幹線は全般的に日本社会の地震脆弱性を助長すると考えられる。前章で述べたように分散型国土の形成こそが求められるのに、スーパー・メガリージョン形成などによって過密を促進するからだ。

自民党衆議院議員の古屋圭司《けいじ》氏がブログで、二〇二〇年七月一四日に「党超電導リニア鉄道に関する特別委員会」（同氏が委員長）を開催したことを紹介している。[*4] 静岡工区の工事が止まっていることを「いわゆる『静岡問題』」と記し、「リニア新幹線は私が初代国土強靭化大臣の時に策定した『国土強靭化基本計画』にも国家的プロジェクトとして位置付けられており、政府・与党がその推進に向けて最大限の努力をしていかなくてはならない」と書いている。地震脆弱性を強めるおそれがあることには思いが至らないようであり、図らずも、前章で触れた「国土強靭化」のお粗末さを露呈している。

認めがたいリニアの「意義」

一部くり返しになるが、リニア中央新幹線の「現代社会における国民的・国家的意義」

として小委員会答申がまとめた五項目を、あらためて論評しておこう。五項目は以下のとおりである（それぞれにやや長い説明があるが、省略）。

①　三大都市圏を高速かつ安定的に結ぶ幹線鉄道路線の充実
②　三大都市圏以外の沿線地域に与える効果
③　東海道新幹線の輸送形態の転換と沿線都市群の再発展
④　三大都市圏を短時間で直結する意義
⑤　世界をリードする先進的な鉄道技術の確立及び他の産業への波及効果

これらの「意義」は、基本的に巨大都市崇拝である。まず①は、東京圏一極集中と大阪圏・名古屋圏過密化の弊害や災害危険性にまったく無頓着な、現状追認の三大都市圏中心主義であり、④は、日本の人口の約半数（六〇〇〇万人）が住む世界にも例のない巨大な都市集積圏域が形成され国際競争力を大きく向上させるとしていて、集中・大規模信仰の論理である。そして②は、地域振興を謳ってはいるが、域内で経済が循環するような自立した地域ではなくて、自然型観光都市や環境モデル都市など、三大都市圏に寄生（依存）

するものがイメージされている。以上の発想は、将来の日本では望ましくないだろう。

③は副次的なことであり、それ自体悪いことではないが、実現できるかどうか疑わしい。東海道新幹線の「のぞみ」型のニーズの多くが中央新幹線に移ることにより、相対的に「ひかり」「こだま」型重視に転換できるというのだが、中央新幹線が名古屋までしか運行しない十数年間は、東京・新横浜と名古屋以西の間を往来する旅客は東海道新幹線の「のぞみ」を利用する割合が多いと予想されるからである。

⑤は、技術開発では成果をあげた面があり、波及効果もあるのだろうが、科学技術至上主義的な国威発揚の考え方でもある。「国民に技術立国としての自信・自負と将来社会への大きな希望を与える」としているのは敗戦直後のようだ。そして、第五章でみたような電力多消費型のリニアの技術は、脱炭素化時代には評価が低いだろう。

「第二の原発」ともいえるリニア中央新幹線

リニア計画は多くの点で原発とよく似ている。すなわち、国策民営であり、御用学者からなる審議会の杜撰な審議でゴーサインが出され、大手マスメディアが推進側に取り込まれていて真実を伝えず、専門家の批判も弱く、推進側が情報を隠して安全神話をふりまき、したがって一般市民は「夢の超特急」というイメージしか与えられず、沿線住民が大きな犠牲を強いられて苦しみ、事業者（JR東海）が住民軽視で強引に事業を進めている、などである。「夢のエネルギー」と喧伝《けんでん》されてズルズル推進された原発が、福島第一原発事故を起こして東電が実質破綻に瀕したように、JR東海も同じ道を進むのかもしれない。

その場合は、福島事故の尻ぬぐいが国民に転嫁されているのと同様に、民間の事業であるのに国民につけが回ってくるおそれがある。JR東海は自己負担で推進すると宣言したにもかかわらず、実は二〇一六年に破格の条件で三兆円の財政投融資が決定された。[*5]

これは、安倍前首相が一六年六月の記者会見において、新たな低利貸付制度でリニア中央新幹線の計画を前倒しし、全国を一つの経済圏に統合する「地方創生回廊」づくりの一環にすると表明したのが始まりだが、『日経ビジネス』の「特集 リニア新幹線 夢か、悪夢か」は、安倍首相の大親友・葛西敬之《かさいよしゆき》JR東海名誉会長への巨額融資で「第三の森加計《かけ》問題」だと書いた。[*6] いっぽう『静岡新聞』の記事[*7]によると、一六年三月に内閣官房参与（当時）の藤井聡《さとし》氏（京都大学大学院教授）が安倍首相に公共投資を強化すべきだと訴え、対象にリニア新幹線の大阪延伸の前倒しを挙げた瞬間、首相が「これはいいね。すぐやろう」と即断して関係者に電話で指示を始めたという（藤井氏は国土強靱化に熱心な方だが、リニア新幹線に対する認識の甘さは理解できない）。いずれにしろ、この三兆円が返済できない事態になれば公的処理せざるをえなくなり、将来世代への負の遺産になる。

リニアは、哲学なき科学技術が現代社会に災厄をもたらしかねない事例であるように思われるが、この点でも原子力（核、軍事・民事とも）と同じである。科学技術社会論からの検証も必要であろう。ＪＲ東海の将来の経営陣は、現在の幹部が技術に溺れ、技術を制御する見識に欠けていたことを、思い知らされるのかもしれない。

今こそリニア計画を再考しよう

本書でみてきたように、リニア中央新幹線は南海トラフ巨大地震の強震動域および地殻変動域を通り、何本もの第一級活断層をトンネルで横切っていて、地球上でいちばん地震危険度の高い地帯に建設されているといっても過言ではない。しかも、明かり区間の多い在来型新幹線に比べて、救助・復旧の困難性が格段に高い。

活断層による内陸大地震か南海トラフ巨大地震によって大被害と大惨事を生じるおそれが強いが、とくに後者は地震発生の確率が高く、仮に大被害を免れたとしても、全列車が緊急停止して全乗客が避難する際に、何カ所かでトラブルが発生してかなりの死傷者も生ずる公算が大きい。地震被害を受ければ、最悪の場合には技術的にも経済的にも復旧が困難となり、廃線にせざるをえないかもしれない。

超電導磁気浮上式鉄道の研究が始まってから五九年がたつ。当初はまさに「夢の」技術開発であっただろうが、現在の脱炭素化社会では「お荷物の技術」になってしまった。第五章で紹介した阿部修治氏は、エネルギー問題が深刻化する現在、大量のエネルギーを浪費するリニア新幹線の導入は省エネルギー性という鉄道の優れた魅力を失わせるもので、時代に逆行すると指摘し、今からでも遅くはないから中央新幹線計画は時速三〇〇キロの在来新幹線方式に変更するのが賢い選択だと主張した。*8

時代に逆行するという認識は、130ページに書いたように、すでに一九八九年に川端敏夫氏が述べていた。彼の消費電力の試算は誤っていたかもしれないが、考え方は適切だったといえよう。それなのにここまで来てしまったのは、橋山禮治郎氏が詳細に分析・批判しているように、[*9] ひとえにJR東海・政府・国会のリニア中央新幹線に対する事前評価が杜撰だったからだろう。とくに、中央新幹線小委員会の識見の低さと無責任さが、あらためて嘆かわしい。

橋山氏は国会の怠慢を批判したなかで、国会が発議してリニア計画凍結を決議し、JR東海に代替案の検討を求めるべきとまで言っている。また、ドイツのリニア鉄道建設計画が、閣議決定から六年後に連邦議会の厳重な審議によって中止された事例を紹介している。今からでも遅くないから国会は責務を果たすべきである。

活断層地震か南海トラフ巨大地震によってリニアが大被害を受け、多くの死傷者が生ずれば、JR東海と政府の責任が問われることになる。福島原発事故のようにJR東海も国交省も想定外の自然災害だといって逃げ、検察も起訴しないかもしれないが、そのときは強制起訴がなされるだろう。裁判では、事故の予見可能性と回避可能性が問題になると思われる。私は本書において、事故は予見可能であり、それを回避するためにリニア中央新幹線の建設を中止すべきであると明確に主張する。しかし裁判では、私の主張は「一研究者の推測にすぎない」などとして退けられる可能性があるから、しかるべき学術団体が客観的に検討して、見解を公表することを望みたい。

三大都市圏やスーパー・メガリージョンを金科玉条とするリニア中央新幹線は、パンデミックを含むさまざまな災害に対して真に強靱であるべき日本列島にとっては障害となり、経済成長至上主義から脱却すべきポストコロナでは時代錯誤である。大規模な自然環境破壊と沿線住民の生活破壊、工事による莫大なエネルギーの浪費が刻々と進行しているリニア中央新幹線の建設は、取りやめるべきだと私は考える。少なくとも、起こるはずのない原発大事故が発生し、思いがけない新型ウイルスの大流行が起きている今、リスクをあらためて総点検するために、工事を一時中断すべきであろう。社会にすべての関連情報が開示され、国民的な議論がおこなわれることを切望する。

あとがき

私は小学生のころからモノを作ることや土木工事的なことが好きだった。日本で初めて米国製大型重機を投入した佐久間ダム建設の記録映画（一九五八年）をみて、蒼天《そうてん》を渡るオレンジ色のコンクリートバケットの模型作りに熱中した。大学の教養学部のときには、黒四ダム建設（六三年完成）の記録映画をみて、土木を専攻して雪山のなかでダムを造るのもいいかなと思ったこともある（祖父が丹那トンネルの熱海建設事務所の第二代所長〔一九二一―二三年〕を務めた土木技師だったことも影響しているかもしれない）。したがって、リニア中央新幹線に情熱を注いできた技術者の方々を思うと、やや複雑な心境にもなる。

しかし、地震の研究をするようになって、過去五〇万年間を「つい最近」と思う時間感覚を養い、地下から地上の科学技術や人間社会を眺めるようになった。今は、人間にはやってよいことと、やってはいけないことがあると思う。いくつもの山塊に長大トンネルを掘って大電力で疾走するリニア新幹線は、やはり止めるべきだと言わざるをえない。

旧著『大地動乱の時代』（九四年）の書評で「話をおどろおどろしく」すると批判されたことがある。また「原発震災」の警告（九七年）に対しては、原子力ムラの指導者たちから私が挙げた全電源喪失や水素爆発は起こるはずがないと言われた。しかし、一九九五年の阪神・淡路大震災や二〇一一年の福島原発事故は、起こるはずのないことが起こったのであり、「おどろおどろしい」事態であった。

本書に書いたことも大袈裟だと非難されるかもしれない。だが、起こったことの解説ではなく、将来起こる可能性のあることとの説明は、結局「おどろおどろしく」感じられてしまうのではないかと思う。福島原発事故に関するＮＨＫのＥＴＶ特集「原発事故〝最悪のシナリオ〟」（二〇二一年三月六日放映）では、誰もが想像力を欠いていたことが強調されていたが、本書の読者が想像力を活性化させてリニア中央新幹線の危険性を実感し、「災害が起きてから騒ぐ」というこの国の悪弊を吹き払ってほしいと思う。

本書の校正に入ってから、川辺謙一『超電導リニアの不都合な真実』（草思社、二〇二〇年）と山本義隆『リニア中央新幹線をめぐって―原発事故とコロナ・パンデミックから見直す』（みすず書房、二〇二一年）という新刊を知った。前者は技術的課題を丁寧に説明し、後者は著者一流の科学技術観からリニア中央新幹線を厳しく批判している。ともに良書としてお薦めしたい。

本書は、二〇二〇年のコロナ禍直前と最中に書いた「超広域大震災にどう備えるか 大地動乱・人口減少時代の成長信仰が衰亡をまねく」（『世界』三月号）、「視標 変わる社会経済様式 時代錯誤のリニア再考を」（『静岡新聞』七月二日朝刊）、「コロナ後の社会―分散型の社会に変革を」（七月、共同配信、地方各紙）、「リニア中央新幹線は南海トラフ巨大地震と活断層地震で損壊する」（『科学』一〇月号電子版）が元になっている。発表の場を与えてくださった担当者各位に感謝したい。図18の転載をご快諾くださり、第五章の原稿を見てくださった西川榮一氏にも謝意を表する。本書の刊行については集英社新書編集部の千葉直樹氏のお世話になった。同氏と製作関係者に厚く御礼申し上げます。

二〇二一年五月　　新型コロナ・パンデミックの終息を祈りつつ

石橋克彦

注

「JR東海」は「東海旅客鉄道株式会社」の略、「鉄道・運輸機構」は「鉄道建設・運輸施設整備支援機構」の略である。以下のURLは2021年5月11〜18日に最終確認した。本書刊行後にURLが消滅ないし変更された場合などは、ウェブサイト「石橋克彦 私の考え『リニア中央新幹線は地震に耐えられない』」(https://historical.seismology.jp/ishibashi/opinion/linear_chuo_shinkansen.html) に関連情報を掲載する予定である。

はじめに

1 橋山禮治郎『リニア新幹線 巨大プロジェクトの「真実」』(集英社新書、2014年)

2 石橋克彦「減災と環境保全に逆行するリニア中央新幹線」『南海トラフ巨大地震—歴史・科学・社会』(岩波書店、2014年)、同「リニア中央新幹線は南海トラフ巨大地震と活断層地震で損壊する」(『科学』電子版、90巻10号、2020年、https://www.iwanami.co.jp/kagaku/eKagaku_202010_Ishibashi.pdf、『科学』2020年12月号に再掲)、同「視標 変わる社会経済様式 時代錯誤のリニア再考を」(『静岡新聞』2020年7月2日朝刊)。ほかに、『朝日ジャーナル』(『週刊朝日』緊急増刊、2011年)、『週刊東洋経済』(2014年5月31日号)、『世界』(2020年3月号) でも言及した。

3 石橋克彦『大地動乱の時代—地震学者は警告する』(岩波新書、1994年)、同『阪神・淡路大震災の教訓』(岩波ブックレット、1997年)

4　石橋克彦「原発震災 破滅を避けるために」(『科学』1997年10月号、https://www.iwanami.co.jp/kagaku/K_Ishibashi_Kagaku199710.pdf)、同『原発震災―警鐘の軌跡』(七つ森書館、2012年)

第一章

1　例えば、佐藤信之『新幹線の歴史』(中公新書、2015年)
2　衆議院「法律第七十一号(昭四五・五・一八)◎全国新幹線鉄道整備法」https://www.shugiin.go.jp/internet/itdb_housei.nsf/html/houritsu/06319700518071.htm、e-GOV法令検索「昭和四十五年法律第七十一号 全国新幹線鉄道整備法」https://elaws.e-gov.go.jp/search/elawsSearch/elaws_search/lsg0500/detail?lawId=345AC1000000071
3　国土交通省「全国新幹線鉄道整備法第四条第一項の規定による建設を開始すべき新幹線鉄道の路線を定める基本計画」(1973年11月15日、運輸省告示第466号、https://www.mlit.go.jp/notice/noticedata/sgml/1973/62035a03/62035a03.html)
4　例えば、JR東海「第3章 3-1 中央新幹線の経緯」『中央新幹線(東京都・名古屋市間)環境影響評価書【東京都】』(2014年8月、https://company.jr-central.co.jp/chuoshinkansen/assessment/document1408/tokyo/_pdf/eis2_tokyoh010203.pdf)
5　川端敏夫「滑る鉄道の夢」(『車輛工学』1961年3月号)
6　樫田秀樹『"悪夢の超特急" リニア中央新幹線』(旬報社、2014年)

7　鉄道総合技術研究所浮上式鉄道開発推進本部編『超電導が鉄道を変える―リニアモーターカー・マグレブ』（清文社、1988年）、鉄道総合技術研究所編『ここまで来た！超電導リニアモーターカー』（交通新聞社、2006年）

8　清水政利・饗庭雅之「宮崎実験センターの概要と実験線を活用した研究開発」（『RRR』2018年12月号、https://www.rtri.or.jp/publish/rrr/2018/rrr12.html）

9　国土庁「第四次全国総合開発計画」（1987年6月、https://www.mlit.go.jp/common/001135927.pdf）

10　運輸省「超電導磁気浮上式鉄道検討委員会について」

11　超電導磁気浮上式鉄道実用技術評価委員会「超電導磁気浮上式鉄道実用技術評価」（2009年7月28日、https://www.mlit.go.jp/common/000046104.pdf）

12　例えば、山梨県立リニア見学センター「山梨実験線について」https://www.linear-museum.pref.yamanashi.jp/about/experiment.html

13　橋本渉一「浮上式鉄道ガイドウェイの研究と技術開発」（『土木学会論文集』619号/I-47、1999年、https://www.jstage.jst.go.jp/article/jscej1984/1999/619/1999_619_1/_pdf/-char/ja）

14　涌井一「超電導磁気浮上式鉄道のガイドウェイ構造」（『コンクリート工学』28巻12号、1990年、https://www.jstage.jst.go.jp/article/coj1975/28/12/28_4/_pdf/-char/ja）

15　JR東海「超電導リニアの新型車両の概要について」（2010年10月26日、https://jr-central.co.jp/news/release/_pdf/000009380.pdf）

16　注7の鉄道総合技術研究所編『ここまで来た！超電導リ

ニアモーターカー』
17 白國紀行・太田衆一郎・宮崎文夫「高速鉄道車両の安全装置の設計手法に関わる研究（左右方向）」（『日本機械学会論文集（C編）』72巻714号、2006年a、https://www.jstage.jst.go.jp/article/kikaic1979/72/714/72_714_309/_pdf/-char/ja）、 白國紀行・谷村正治・宮崎文夫「高速鉄道車両の安全装置の設計手法に関わる研究（上下方向）」（『日本機械学会論文集（C編）』72巻716号、2006年b、https://www.jstage.jst.go.jp/article/kikaic1979/72/716/72_716_1021/_pdf）
18 例えば、「リニア開業2025年 JR東海目標 首都圏—中京圏で」（『日本経済新聞』2007年4月27日朝刊）
19 JR東海「自己負担を前提とした東海道新幹線バイパス、即ち中央新幹線の推進について」（2007年12月25日、https://company.jr-central.co.jp/chuoshinkansen/procedure/_pdf/01.pdf）
20 鉄道・運輸機構、JR東海「中央新幹線（東京都・大阪市間）地形・地質等調査報告書 概要」（2008年10月22日、https://company.jr-central.co.jp/chuoshinkansen/procedure/_pdf/04.pdf）
21 鉄道・運輸機構、JR東海「中央新幹線（東京都・大阪市間）調査報告書の提出について」（2009年12月24日、https://jr-central.co.jp/news/release/_pdf/000006937.pdf）
22 国土交通省「交通政策審議会、中央新幹線小委員会 過去の開催状況」https://www.mlit.go.jp/policy/shingikai/s304_sinkansen01_past.html
23 交通政策審議会陸上交通分科会鉄道部会中央新幹線小委

員会「『中央新幹線の営業主体及び建設主体の指名並びに整備計画の決定について』答申」(2011年5月12日、https://www.mlit.go.jp/common/000144328.pdf)

24　国土交通大臣 大畠章宏「中央新幹線の建設の指示について」(2011年5月27日、国鉄幹第10号の2、https://www.mlit.go.jp/common/000145580.pdf)

25　例えば、「リニア大阪延伸前倒し正式表明 JR東海社長」(『日本経済新聞』2016年6月9日朝刊)

26　例えば、「リニア、37年大阪延伸も『難しい』」(『日本経済新聞』2020年8月6日朝刊)

27　環境省「環境アセスメント制度のあらまし」(2020年3月改訂、http://assess.env.go.jp/files/1_seido/pamph_j/pamph_j.pdf)、e-GOV法令検索「平成九年法律第八十一号 環境影響評価法」https://elaws.e-gov.go.jp/document?lawid=409AC0000000081

28　JR東海「環境影響評価法の手続き」https://company.jr-central.co.jp/chuoshinkansen/assessment/

29　JR東海「中央新幹線品川・名古屋間の工事実施計画(その1)の認可申請について」(2014年8月26日、https://company.jr-central.co.jp/chuoshinkansen/procedure/construction/)

30　国土交通省「中央新幹線(品川・名古屋間)の工事実施計画(その1)の認可について」(2014年10月17日、https://www.mlit.go.jp/report/press/tetsudo09_hh_000049.html)

31　例えば、「リニア新幹線 JR東海が着工」(『日経産業新聞』2014年12月18日)

32　例えば、「リニア難関工事着手 南アルプストンネル 工

期10年」(『日本経済新聞』2015年12月18日夕刊)
33 JR東海「中央新幹線品川・名古屋間の工事実施計画(その2)の認可申請について」(2017年9月25日、https://company.jr-central.co.jp/chuoshinkansen/procedure/construction2/)
34 注6に同じ、樫田秀樹『リニア新幹線が不可能な7つの理由』(岩波ブックレット、2017年)
35 国土交通省『新たな都市づくり空間 大深度地下』(2007年12月、2012年12月一部修正、https://www.mlit.go.jp/common/001187587.pdf)
36 JR東海「大深度地下使用法の手続き」https://company.jr-central.co.jp/chuoshinkansen/daishindo/index.html
37 国土交通省「中央新幹線品川・名古屋間建設工事の大深度地下の使用の認可について」(2018年10月17日、https://www.mlit.go.jp/common/001257585.pdf)
38 東日本高速道路株式会社「東京外かく環状道路(関越～東名)工事現場付近での地表面陥没事象について」https://www.e-nexco.co.jp/news/important_info/2020/1018/00008711.html#investigation_progress

第二章

1 JR東海「地震への対策」https://linear-chuo-shinkansen.jr-central.co.jp/about/emergency/
2 JR東海「異常時への対応のポイント」https://company.jr-central.co.jp/chuoshinkansen/efforts/briefing_materials/library/_pdf/lib11.pdf
3 「第IV期 第3章 第5節 進化する新幹線の地震対策」『東

海旅客鉄道20年史』(東海旅客鉄道株式会社、2007年)、Arashika, T. and S. Nakajima “Enhancement of Functions of Tokaido Shinkansen Earthquake Disaster Prevention System” (*Japan Railway & Transport Review* 43/44、2006年、http://www.ejrcf.or.jp/jrtr/jrtr43_44/pdf/f64_ara.pdf)

4　鉄道総合技術研究所編『平成11年10月 鉄道構造物等設計標準・同解説―耐震設計』(丸善、1999年)、同『平成24年9月 鉄道構造物等設計標準・同解説―耐震設計』(丸善、2012年)

5　本書では必要最小限にとどめる。筆者が一般向けにやや詳しく説明したものとして、「はじめに」注3の石橋克彦『大地動乱の時代―地震学者は警告する』、「はじめに」注2の同『南海トラフ巨大地震―歴史・科学・社会』がある。

6　例えば、大島洋志「地震・活断層とトンネル」(『日本地震工学会誌』24号、2015年、https://www.jaee.gr.jp/jp/wp-content/uploads/2012/02/kaishi24.pdf)

7　気象庁「震度について」https://www.jma.go.jp/jma/kishou/know/shindo/index.html

8　例えば、松田時彦『活断層』(岩波新書、1995年)

9　例えば、朝倉俊弘・志波由紀夫・松岡茂・大矢敏雄・野城一栄「山岳トンネルの地震被害とそのメカニズム」(『土木学会論文集』659号/III-52、2000年、https://www.jstage.jst.go.jp/article/jscej1984/2000/659/2000_659_27/_pdf/-char/ja)

10　例えば、朝倉俊弘「地震とトンネル」(『トンネルと地下』2012年4月号)

11　例えば、注10に同じ、清水満「JR東日本におけるトンネル地震被害の事例」（『トンネルと地下』2012年4月号）
12　注11に同じ
13　例えば、青井真「強震観測網が捉えた東日本大震災の強震動」（『防災科研ニュース』175号、2012年、https://www.bosai.go.jp/information/news/pdf/k_news175.pdf）
14　石橋克彦「原子力発電所の耐震設計審査指針改訂の諸問題 第2回 基準地震動を考える(1)および2007年新潟県中越沖地震」（『科学』2007年9月号）

第三章

1　JR東海「平成24年（5月〜9月）、平成25年（5月〜7月）の説明会における主なご質問」https://company.jr-central.co.jp/chuoshinkansen/efforts/briefing_materials/library/faq/q15.html
2　活断層研究会編『[新編]日本の活断層—分布図と資料』（東京大学出版会、1991年）
3　地震調査研究推進本部「主要活断層帯の長期評価」https://www.jishin.go.jp/evaluation/long_term_evaluation/major_active_fault/、同「主要活断層帯」https://www.jishin.go.jp/resource/terms/tm_major_active_fault_zone/
4　『丹那隧道工事誌』（鉄道省熱海建設事務所、1936年、http://library.jsce.or.jp/Image_DB/s_book/jsce100/htm/093.htm）
5　久野久「旧丹那トンネルと新丹那トンネル」（『科学』1962年8月号）
6　鉄道総合技術研究所「基礎構造物の耐震設計マニュアル

（Q&A）」（2004年4月、https://www.kenf.jp/book/doc/manual056.pdf）
7　常田賢一「土木構造物における地震断層対策の姿勢と実務」（『日本地震工学会誌』24号、2015年、https://www.jaee.gr.jp/jp/wp-content/uploads/2012/02/kaishi24.pdf）
8　参議院「第190回国会 参議院国土交通委員会会議録 第13号」（2016年5月26日、https://kokkai.ndl.go.jp/minutes/api/v1/detailPDF/img/119014319X01320160526）
9　例えば、近藤政弘「活断層に配慮した山陽新幹線新神戸駅の構造」（『地質と調査』143号、2015年、https://www.zenchiren.or.jp/geocenter/geo-se/pdf/jgca143.pdf）
10　前田保夫「諏訪山断層」『六甲の断層をさぐる（神戸の自然1）』（神戸市立教育研究所、1979年、http://www2.kobe-c.ed.jp/shizen/strata/dnso_org/01047.html）
11　産業技術総合研究所・地質調査総合センター「活断層データベース　起震断層・活動セグメント検索」https://gbank.gsj.jp/activefault/search
12　JR東海「中央新幹線 東京都・名古屋市間 路線概要図」（『中央新幹線（東京都・名古屋市間）環境影響評価書のあらまし』2014年8月、https://company.jr-central.co.jp/chuoshinkansen/assessment/document1408/_pdf/eis2_alloutline.pdf）
13　地震調査研究推進本部「今までに公表した活断層及び海溝型地震の長期評価結果一覧」（2021年1月13日現在、https://www.jishin.go.jp/main/choukihyoka/ichiran.pdf）
14　地震調査研究推進本部「平成28年（2016年）熊本地震の地震活動」https://www.jishin.go.jp/evaluation/

seismicity_annual/major_act_2016/
15　注13に同じ
16　松浦律子「天正地震の震源域特定：史料情報の詳細検討による最新成果」（『活断層研究』35号、2011年、https://www.jstage.jst.go.jp/article/afr/2011/35/2011_29/_pdf）
17　例えば、須藤晋「リニア新幹線の整備促進の課題―トンネル工事が抱える開業遅延リスク―」（『レファレンス』813号、2018年、https://dl.ndl.go.jp/view/download/digidepo_11174850_po_081302.pdf?contentNo=1）、吉村恒監修、横山章・下河内稔・須賀武『トンネルものがたり―技術の歩み―』（山海堂、2001年）
18　石橋克彦「松田式の問題点」（『陳述書』2001年、https://historical.seismology.jp/ishibashi/archive/011205monju.pdf）、同「巨大地震と原発」「はじめに」注4の『原発震災―警鐘の軌跡』
19　越谷信ほか20名「1998年9月3日岩手県内陸北部の地震に伴う地震断層」（『活断層研究』17号、1998年、https://www.jstage.jst.go.jp/article/afr1985/1998/17/1998_9/_pdf/-char/ja）

第四章

1　石橋克彦「東海地方に予想される大地震の再検討―駿河湾大地震について―」（『昭和51年度地震学会秋季大会講演予稿集』1976 No.2）、同「東海地方に予想される大地震の再検討―駿河湾地震の可能性―」（『地震予知連絡会会報』17巻、1977年、https://cais.gsi.go.jp/YOCHIREN/report/kaihou17/04_13.pdf）。駿河湾地震説を中心とした東海地

震研究の略史は、石橋克彦「『駿河湾地震説』小史」(『科学』2003年9月号、「はじめに」注4の『原発震災―警鐘の軌跡』に再録)

2　駿河湾地震説以降の南海トラフ地震対策の変遷(地震学的観点から)と最新の予測・防災体制の問題点に関しては、石橋克彦「『発生予測型』南海トラフ地震対策の問題点―地震列島の地震対策を考える」(『科学』2018年4月号)、同「『南海トラフ地震臨時情報』体制への疑問」(『日本地震学会モノグラフ』6号、2020年、https://www.zisin.jp/publications/pdf/monograph6.pdf)

3　例えば、地震調査研究推進本部「南海トラフで発生する地震」https://www.jishin.go.jp/regional_seismicity/rs_kaiko/k_nankai/

4　注2の石橋克彦「『南海トラフ地震臨時情報』体制への疑問」の図1。個々の歴史的南海トラフ地震の説明は、「はじめに」注2の同『南海トラフ巨大地震―歴史・科学・社会』および、同「1099年承徳(康和)南海地震は実在せず、1096年嘉保(永長)地震が『南海トラフ全域破壊型』だった可能性―土佐地震記事を含む『兼仲卿記』紙背の官宣旨案の考察―」(『歴史地震』31号、2016年、http://www.histeq.jp/kaishi/HE31/HE31_081_088_Ishibashi.pdf)

5　注2の石橋克彦「『南海トラフ地震臨時情報』体制への疑問」

6　注4の石橋克彦『南海トラフ巨大地震―歴史・科学・社会』

7　第三章の注13に同じ

8　地震調査研究推進本部地震調査委員会「南海トラフの地

震活動の長期評価（第二版）」（2013年5月24日、http://www.jishin.go.jp/main/chousa/13may_nankai/nankai2_shubun.pdf）

9 「南海トラフの巨大地震モデル検討会（第二次報告）強震断層モデル編―強震断層モデルと震度分布について―」（2012年8月29日、http://www.bousai.go.jp/jishin/nankai/model/pdf/20120829_2nd_report05.pdf）

10 注4の石橋克彦『南海トラフ巨大地震―歴史・科学・社会』の図1-10の一部を簡略化したものだが、元のデータは、宇佐美龍夫・石井寿・今村隆正・武村雅之・松浦律子『日本被害地震総覧 599-2012』（東京大学出版会、2013年）の図153-1

11 石橋克彦「甲府盆地における1854年と1923年の地震被害のテクトニックな意義」（『地震』2輯36巻4号、1983年、https://www.jstage.jst.go.jp/article/zisin1948/36/4/36_4_668/_pdf/-char/ja）

12 「リニア緊急停止『新幹線並み』JR東海、地震後90秒で」（『日本経済新聞』2011年4月15日朝刊）

13 JR東海「FAQ 車両について」https://linear-chuo-shinkansen.jr-central.co.jp/faq/

14 東日本旅客鉄道株式会社「福島県沖地震に伴う東北新幹線の被害と復旧状況等について」（2021年2月26日、https://www.jreast.co.jp/press/2020/20210226_ho05.pdf）、「新幹線高架橋の横梁60カ所が損傷、長周期地震動が原因か」（『日経クロステック』2021年3月4日、https://xtech.nikkei.com/atcl/nxt/column/18/01567/00015/）

15 防災科学技術研究所「J-SHIS Map 2019年（NIED作成

版）」http://www.j-shis.bosai.go.jp/map/、国土地理院「明治期の低湿地データ」https://www.gsi.go.jp/bousaichiri/lc_meiji.html

16　名古屋市「あなたの街の地震ハザードマップ 中村区」https://www.city.nagoya.jp/bosaikikikanri/cmsfiles/contents/0000112/112162/05_jishin_nakamura_map.pdf

17　南アルプス世界自然遺産登録推進協議会 南アルプス総合学術検討委員会『南アルプス学術総論』(2010年3月、https://www.city.shizuoka.lg.jp/000096216.pdf)

18　石橋克彦「南部フォッサ・マグナのプレート運動史（試論)」(『月刊地球』1986年10月号)、同「シンポジウム『日本海の形成とフォッサマグナ』によせて」(『月刊地球』1989年9月号)

19　例えば、松島信幸「南海トラフ巨大地震とリニア中央新幹線」リニア・市民ネット編『危ないリニア新幹線』(緑風出版、2013年)

20　町田洋・松田時彦・海津正倫・小泉武栄編『日本の地形5 中部』(東京大学出版会、2006年)

21　藤田和夫・太田陽子「第四紀地殻変動」日本第四紀学会編『日本の第四紀研究—その発展と現状』(東京大学出版会、1977年)

22　石橋克彦「『アムールプレート東縁変動帯』における1995年兵庫県南部地震と広域地震活動（予報)」(『地質ニュース』490号、1995年、https://www.gsj.jp/data/chishitsunews/95_06_03.pdf)、注4の石橋克彦『南海トラフ巨大地震—歴史・科学・社会』

23　檀原毅「日本における最近70年間の総括的上下変動」

(『測地学会誌』17巻3号、1971年、https://www.jstage.jst.go.jp/article/sokuchi1954/17/3/17_3_100/_pdf)

24　鷺谷威・井上政明「測地測量データで見る中部日本の地殻変動」(『月刊地球』2003年12月号)

25　例えば、松島信幸「南アルプスをリニア新幹線が貫くと」(『日本の科学者』2014年10月号)

26　多田堯「丹沢山地とその周辺地域の地殻変動とその意義」(『月刊地球』号外No.34、2001年)

27　注1に同じ

28　注1に同じ

29　本項の詳しい説明は、注4の石橋克彦『南海トラフ巨大地震―歴史・科学・社会』に譲る

30　注4の石橋克彦『南海トラフ巨大地震―歴史・科学・社会』

31　小山内信智・井上公夫「第4章 地震と土砂災害」内閣府(防災担当)『1707 宝永地震 報告書』(2014年3月、http://www.bousai.go.jp/kyoiku/kyokun/kyoukunnokeishou/rep/1707_houeijishin/pdf/08_chap04.pdf)

32　永井修・中村浩之「"七面山大崩れ"―崩壊の履歴とその拡大に関する研究―」(『地すべり』37巻2号、2000年、https://www.jstage.jst.go.jp/article/jls1964/37/2/37_2_20/_pdf/-char/ja)

33　注31に同じ

34　注15の防災科学技術研究所「J-SHIS Map 2019年(NIED作成版)」

35　国土交通省「深層崩壊推定頻度マップ」(「深層崩壊に関する全国マップについて」https://www.mlit.go.jp/

report/press/river03_hh_000252.html の別紙 1）
36　国土交通省中部地方整備局「深層崩壊渓流（小流域）レベル評価区域図」https://www.cbr.mlit.go.jp/kisya/2012/10/1004.pdf
37　河本和朗「リニア新幹線の南アルプスルートは安全か」（『日経クロステック』2009年7月14日、https://xtech.nikkei.com/kn/article/knp/column/20090701/533704/?P=6）
38　例えば、飯田市・JR 東海「中央新幹線の環境保全の取り組みについて」（2019年7月29、31日説明資料、https://www.city.iida.lg.jp/uploaded/attachment/41387.pdf）
39　JR東海「万が一の異常時における避難誘導」https://linear-chuo-shinkansen.jr-central.co.jp/about/emergency/
40　第一章の注36の資料の中の「大深度地下使用の認可申請に関する説明会の資料について」
41　JR東海「FAQ 異常時対策について Q.7 車体から降りて避難する際に磁界の影響は受けないでしょうか」https://linear-chuo-shinkansen.jr-central.co.jp/faq/
42　第二章の注2に同じ
43　JR東海「県境付近の断層帯におけるトンネルの掘り方・トンネル湧水への対応（素案）」（第6回リニア中央新幹線静岡工区有識者会議、2020年10月27日、資料3、https://www.mlit.go.jp/tetudo/content/001369680.pdf）
44　JR東海「大井川水資源利用への影響回避・低減に向けた取組み（素案）」（第6回リニア中央新幹線静岡工区有識者会議、2020年10月27日、資料2、https://www.mlit.go.jp/tetudo/content/001369679.pdf）
45　注15の防災科学技術研究所「J-SHIS Map 2019年（NIED

作成版)」
46 「静岡県第4次地震被害想定」(2020年1月21日、http://www.pref.shizuoka.jp/bousai/4higaisoutei/index.html)
47 注44に同じ

第五章

1 要地正義・菰田馨「菅首相、2050年カーボンニュートラル宣言の舞台裏」(『日経エネルギーNext』2020年10月26日、https://project.nikkeibp.co.jp/energy/atcl/19/feature/00001/00036/)
2 環境省「中央新幹線(東京都・名古屋市間)に係る環境影響評価書に対する環境大臣意見の提出について(お知らせ)」(2014年6月5日、http://www.env.go.jp/press/18248)
3 JR東海「消費電力のポイント」https://company.jr-central.co.jp/chuoshinkansen/efforts/briefing_materials/library/_pdf/lib09.pdf
4 川端敏夫「論壇 電力浪費の『リニア』再考を 一人当たりでは新幹線の40倍にも」(『朝日新聞』1989年8月24日朝刊)
5 第一章の注6に同じ
6 尾関雅則「論壇 リニアの電力浪費論は誤解 全消費量は新幹線の約3倍で設計」(『朝日新聞』1989年9月4日朝刊)
7 阿部修治「エネルギー問題としてのリニア新幹線」(『科学』2013年11月号)
8 西川榮一『リニア中央新幹線に未来はあるか―鉄道の高速化を考える―』(自治体研究社、2016年)
9 赤木新介『新 交通機関論―社会的要請とテクノロジー

―』(コロナ社、1995年)
10　注8に同じ
11　例えば、JR東海「19 温室効果ガス」『中央新幹線(東京都・名古屋市間)環境影響評価書 資料編【東京都】』https://company.jr-central.co.jp/chuoshinkansen/assessment/document1408/tokyo/_pdf/eis2_tokyos51-19.pdf
12　この「のぞみ」の「4.2kg-CO_2/座席」を使うと、1編成あたりの消費電力を逆算できる。すなわち、座席数を1300、東京・新大阪間の走行時間を153分として、CO_2排出係数と加速・勾配などの倍率はリニアと同じに仮定すれば、約0.47万kWと逆算できる。リニアの消費電力3.5万kW(国交省)はこれの7.4倍、4.9万kW(阿部)は10.4倍である。
13　注7に同じ
14　例えば、原子力資料情報室編『原子力市民年鑑 2018-20』(緑風出版、2020年)
15　「東電山梨支店、県に、設備増強で協力要請―リニアモーター実験も踏まえ」(『日本経済新聞』1986年2月19日 地方経済面 山梨)
16　例えば、石橋克彦「ポストコロナの日本、リニア原発震災、柏崎刈羽原発」(『柏崎刈羽原発の閉鎖を訴える科学者・技術者の会 Newsletter』No.14、2020年7月31日)
17　JR東海「平成24年(5月～9月)、平成25年(5月～7月)の説明会における主なご質問」https://company.jr-central.co.jp/chuoshinkansen/efforts/briefing_materials/library/faq/q8.html
18　例えば、「政官業『原発復権』合唱 脱炭素のため?新増

設の芽残す」(『朝日新聞デジタル』2021年3月7日、https://digital.asahi.com/articles/ASP3673KDP36ULFA007.html)

19 「国とJR東海がリニア中央新幹線開業に向け熱望する 柏崎刈羽原発再稼働」(『財界にいがた』2018年8月号)

20 例えば、「社説 柏崎刈羽原発『再稼働ありき』では困る」(『新潟日報モア』2021年1月17日、https://www.niigata-nippo.co.jp/opinion/editorial/20210117593575.html)

21 「柏崎刈羽原発の閉鎖を訴える科学者・技術者の会」呼びかけ人「『柏崎刈羽原発の閉鎖を訴える科学者・技術者の会』による花角英世新潟県知事への申し入れ書」(『原子力資料情報室通信』560号、2021年)、田中三彦「新潟県技術委員会の『福島事故検証』:柏崎刈羽原発の安全性確認は“対象外”の不思議」(『科学』2021年3月号)

22 例えば、石橋克彦「科学を踏みにじった政府の柏崎刈羽原発『耐震偽装』」(『科学』2009年4月号)、同「内陸地震にたいする原子力発電所の安全性と理学・工学問題」(『科学』2019年8月号)

23 例えば、「東電、失態続き再稼働白紙 柏崎原発全基停止9年 原子力事業存続の危機」(『新潟日報モア』2021年3月28日、https://www.niigata-nippo.co.jp/news/politics/20210328606793.html)

24 例えば、「柏崎刈羽原発、再稼働できず テロ対策不備で規制委命令」(『日本経済新聞』2021年4月14日、https://www.nikkei.com/article/DGXZQOUA13D0B0T10C21A4000000/?n_cid=NMAIL007_20210414_H)

25 例えば、石橋克彦「浜岡原発と伊方原発の再稼働は無謀」「はじめに」注2の『南海トラフ巨大地震—歴史・科

学・社会』

26　石橋克彦「浜岡原発震災で何が起こるか」「はじめに」注4の『原発震災—警鐘の軌跡』

27　例えば、石橋克彦「地震列島の原発」同編『原発を終わらせる』（岩波新書、2011年）、同「地震列島における原発の新規制基準と再稼働問題」（『都市問題』2015 年3月号）

28　石橋克彦「変動帯の日本列島で高レベル放射性廃棄物地層処分の適地を選定できるか？」（『学術の動向』2013年6月号、https://www.jstage.jst.go.jp/article/tits/18/6/18_6_27/_pdf）、同「地震国日本における高レベル放射性廃棄物地層処分の困難性と『科学的特性マップ』の非科学性」（『日本地球惑星科学連合2018年大会予稿集』HCG29-04、https://confit.atlas.jp/guide/event-img/jpgu2018/HCG29-04/public/pdf?type=in&lang=ja）

第六章

1　NHK「特設サイト 新型コロナウイルス」https://www3.nhk.or.jp/news/special/coronavirus/

2　「はじめに」注3の石橋克彦『大地動乱の時代—地震学者は警告する』

3　「はじめに」注2の石橋克彦『南海トラフ巨大地震—歴史・科学・社会』

4　富士山火山防災協議会「富士山火山防災マップ」http://www.bousai.go.jp/kazan/fujisan-kyougikai/fuji_map/index.html

5　中央防災会議防災対策実行会議大規模噴火時の広域降灰対策検討ＷＧ「大規模噴火時の広域降灰対策について—首

都圏における降灰の影響と対策 ～富士山噴火をモデルケースに（報告）【概要】」（2020年4月、http://www.bousai.go.jp/kazan/kouikikouhaiworking/pdf/kouhaigaiyou.pdf）

6　消防庁「阪神・淡路大震災について（確定報）」（2006年5月19日、https://www.fdma.go.jp/disaster/info/assets/post1.pdf）

7　内閣府政策統括官（防災担当）「南海トラフ巨大地震の被害想定について（建物被害・人的被害）」（2019年6月、http://www.bousai.go.jp/jishin/nankai/taisaku_wg/pdf/1_sanko2.pdf）

8　中央防災会議防災対策推進検討会議 南海トラフ巨大地震対策検討ワーキンググループ「南海トラフ巨大地震の被害想定について（第二次報告）～施設等の被害～【被害の様相】」（2013年3月18日、http://www.bousai.go.jp/jishin/nankai/taisaku_wg/pdf/20130318_shiryo2_1.pdf）

9　第五章の注26に同じ

10　第五章の注25に同じ

11　石橋克彦「影響は世界に——上海は大丈夫か」「はじめに」注2の『南海トラフ巨大地震—歴史・科学・社会』

12　国立社会保障・人口問題研究所「日本の地域別将来推計人口（平成30（2018）年推計）—平成27（2015）～57（2045）年—」（2018年、http://www.ipss.go.jp/pp-shicyoson/j/shicyoson18/1kouhyo/gaiyo.pdf）

13　国土交通省「建設産業の現状」https://www.mlit.go.jp/common/001174197.pdf

14　例えば、牧野知弘『空き家問題— 1000 万戸の衝撃』（祥伝社新書、2014年）、吉原祥子『人口減少時代の土地問題

「所有者不明化」と相続、空き家、制度のゆくえ』(中公新書、2017年)
15　出入国在留管理庁「令和2年末現在における在留外国人数について」(2021年3月31日、http://www.moj.go.jp/isa/publications/press/13_00014.html)
16　日本政府観光局「月別・年別統計データ(訪日外国人・出国日本人)」https://www.jnto.go.jp/jpn/statistics/visitor_trends/
17　室伏謙一「水道法改正が『民営化』でないばかりかタチが悪い理由」(『ダイヤモンド・オンライン』2018年12月25日、https://diamond.jp/articles/-/189383)
18　総務省「『マイナンバーカードの機能のスマートフォン搭載等に関する検討会』第1次とりまとめの公表」(2020年12月25日、https://www.soumu.go.jp/menu_news/s-news/01ryutsu02_02000287.html)
19　外務省「世界が日本に差し伸べた支援の手〜東日本大震災での各国・地域支援チームの活躍」(『わかる!国際情勢』Vol.73、2011年6月6日、https://www.mofa.go.jp/mofaj/press/pr/wakaru/topics/vol73/index.html)
20　中央防災会議幹事会『南海トラフ地震における具体的な応急対策活動に関する計画』(2020年5月29日、http://www.bousai.go.jp/jishin/nankai/pdf/nankai_oukyu_keikaku_full.pdf)
21　総務省統計局『日本の統計2020』(2020年3月、https://www.stat.go.jp/data/nihon/pdf/20nihon.pdf)
22　e-Stat 統計で見る日本「[参考表]住民基本台帳に基づく人口(平成6年3月31日現在)」https://www.e-stat.go.jp/

dbview?sid=0000150080
23　中央防災会議首都直下地震対策検討ワーキンググループ『首都直下地震の被害想定と対策について（最終報告）～本文～』（2013年12月、http://www.bousai.go.jp/jishin/syuto/taisaku_wg/pdf/syuto_wg_report.pdf）
24　国土強靱化推進本部『国土強靱化年次計画2020』（2020年6月18日、https://www.cas.go.jp/jp/seisaku/kokudo_kyoujinka/pdf/nenjikeikaku2020_02.pdf）の4ページ
25　内閣官房まち・ひと・しごと創生本部『第2期「まち・ひと・しごと創生総合戦略」（2020改訂版）』（2020年12月21日、https://www.chisou.go.jp/sousei/info/pdf/r02-12-21-senryaku2020.pdf）の31ページ
26　例えば、注3に同じ
27　中央防災会議「東南海、南海地震等に関する専門調査会」『中部圏・近畿圏の内陸地震に関する報告』（2008年12月、http://www.bousai.go.jp/kaigirep/chuobou/senmon/tounankai_nankaijishin/pdf/shiryou3.pdf）

第七章

1　「はじめに」注3の石橋克彦『大地動乱の時代―地震学者は警告する』
2　国際連合広報センター「IPCC特別報告書『1.5℃の地球温暖化』の政策決定者向け要約を締約国が承認（2018年10月8日付IPCCプレスリリース・日本語訳）」https://www.unic.or.jp/news_press/info/30738/
3　石橋克彦「超広域大震災にどう備えるか 大地動乱・人口減少時代の成長信仰が衰亡をまねく」（『世界』2020年3月

号)
4　石弘之『感染症の世界史』(角川ソフィア文庫、2018年、親本は洋泉社、2014年)
5　第六章の注24参照
6　土木学会会長特別委員会「レジリエンス委員会報告書『「国難」をもたらす巨大災害対策についての技術検討報告書』を公表しました」(2018年6月7日、https://committees.jsce.or.jp/chair/node/21)
7　第六章の注25参照
8　諏訪雄三『地方創生を考える―偽薬効果に終わらせないために―』(新評論、2015年)
9　例えば、山下祐介『限界集落の真実―過疎の村は消えるか?』(ちくま新書、2012年)、日本創成会議・人口減少問題検討分科会『成長を続ける21世紀のために「ストップ少子化・地方元気戦略」』(2014年5月8日、http://www.policycouncil.jp/pdf/prop03/prop03.pdf)、増田寛也編著『地方消滅』(中公新書、2014年)、山下祐介『地方消滅の罠―「増田レポート」と人口減少社会の正体』(ちくま新書、2014年)
10　農林水産省「日本の食料自給率」https://www.maff.go.jp/j/zyukyu/zikyu_ritu/012.html
11　小規模・家族農業ネットワーク・ジャパン(SFFNJ)編『よくわかる 国連「家族農業の10年」と「小農の権利宣言」』(農文協ブックレット、2019年)、農民運動全国連合会編『国連家族農業10年 コロナで深まる食と農の危機を乗り越える』(かもがわ出版、2020年)
12　水産庁「水産政策の改革について」https://www.jfa.maff.

go.jp/j/kikaku/kaikaku/suisankaikaku.html
13 林野庁「都道府県別森林率・人工林率（平成29年3月31日現在）」https://www.rinya.maff.go.jp/j/keikaku/genkyou/h29/1.html
14 「林業政策の大転換 改正国有林法に懸念」（『毎日新聞』2019年6月5日、https://mainichi.jp/articles/20190605/k00/00m/010/215000c?fm=mnm）
15 梶山恵司『日本林業はよみがえる 森林再生のビジネスモデルを描く』（日本経済新聞出版社、2011年）、青木健太郎・植木達人編著『地域林業のすすめ 林業先進国オーストリアに学ぶ地域資源活用のしくみ』（築地書館、2020年）
16 「はじめに」注2の石橋克彦『南海トラフ巨大地震―歴史・科学・社会』
17 例えば、内橋克人「1-5 労働者協同組合」『共生の大地 新しい経済がはじまる』（岩波新書、1995年）
18 厚生労働省「労働者協同組合」https://www.mhlw.go.jp/stf/newpage_14982.html
19 ILO駐日事務所「ディーセント・ワーク」https://www.ilo.org/tokyo/about-ilo/decent-work/lang--ja/index.htm
20 田代洋一「第2章 メガFTAの時代― TPP11、日欧EPA、日米貿易協定」『コロナ危機下の農政時論』（筑波書房、2020年）
21 農林水産省「（『食料・農業・農村基本法』の基本理念）」https://www.maff.go.jp/j/wpaper/w_maff/h21_h/trend/part1/sp/sp_01.html
22 外務省「我が国の経済連携協定（EPA／FTA）等の取組」（2021年3月31日、https://www.mofa.go.jp/mofaj/gaiko/

fta/index.html）

23　例えば、岩田一政『国際経済学 第２版』（新世社、2000年）

24　リカードウ著、羽鳥卓也・吉澤芳樹訳『経済学および課税の原理 上巻』（岩波文庫、1987年）

25　例えば、中野剛志『自由貿易の罠 覚醒する保護主義』（青土社、2009年）、同『経済と国民 フリードリヒ・リストに学ぶ』（朝日新書、2017年）

26　JAcom 農業協同組合新聞・農文協編『TAG の正体 農業も自動車も守れない日米貿易協定』（農文協ブックレット、2018年）

27「訪日観光、来春にも実証実験検討 小規模、五輪後見据え」（『朝日新聞デジタル』2020年12月6日、https://digital.asahi.com/articles/ASND56R24ND4UTFK02C.html）

28　第六章の注16に同じ

29　観光庁「訪日外国人消費動向調査 2019年年間値（速報）及び10-12月期（1次速報）について」（2020年1月17日、https://www.mlit.go.jp/kankocho/news02_000405.html）

30　注28に同じ

31　内閣府「Society 5.0」https://www8.cao.go.jp/cstp/society5_0/

32　外務省「SDGs とは？」https://www.mofa.go.jp/mofaj/gaiko/oda/sdgs/about/index.html

第八章

1　国土交通省「第二次国土形成計画（全国計画）（平成27年8月14日閣議決定）」https://www.mlit.go.jp/kokudoseisaku/

kokudokeikaku_fr3_000003.html

2　国土交通省「人口減少にうちかつスーパー・メガリージョンの形成に向けて〜スーパー・メガリージョン構想検討会 最終とりまとめ〜」(2019年5月20日、https://www.mlit.go.jp/common/001289510.pdf)

3「はじめに」注1の45ページ

4『古屋圭司通信』http://www.furuya-keiji.jp/blog/archives/15038.html

5　例えば、第一章の注34の樫田秀樹『リニア新幹線が不可能な７つの理由』

6「安倍『お友だち融資』3兆円 第3の森加計問題」(『日経ビジネス』2018年8月20日号)

7「官邸主導で財投決定 安倍前首相『すぐやろう』【大井川とリニア 第３章“国策”の舞台裏①】」(『静岡新聞アットエス』2020年10月14日、https://www.at-s.com/news/article/special/linear/819205.html?news=819988)

8　第五章の注7に同じ

9「はじめに」注1に同じ

石橋克彦（いしばし　かつひこ）

一九四四年生まれ。神戸大学名誉教授。東京大学理学部地球物理学科卒業。専門は地震学、歴史地震学。原子力安全委員会専門委員、国会東京電力福島原子力発電所事故調査委員会委員などを歴任。著書に『大地動乱の時代――地震学者は警告する』（岩波新書）、『阪神・淡路大震災の教訓』（岩波ブックレット）、『原発震災――警鐘の軌跡』（七つ森書館）、『南海トラフ巨大地震――歴史・科学・社会』（岩波書店）など。

リニア新幹線《しんかんせん》と南海《なんかい》トラフ巨大地震《きょだいじしん》

「超広域大震災《ちょうこういきだいしんさい》」にどう備《そな》えるか

集英社新書一〇七一G

二〇二一年六月二二日　第一刷発行

著者……石橋克彦《いしばしかつひこ》

発行者……樋口尚也

発行所……株式会社集英社

東京都千代田区一ツ橋二-五-一〇　郵便番号一〇一-八〇五〇

電話　〇三-三二三〇-六三九一（編集部）
〇三-三二三〇-六〇八〇（読者係）
〇三-三二三〇-六三九三（販売部）書店専用

装幀……原　研哉

印刷所……凸版印刷株式会社

製本所……株式会社ブックアート

定価はカバーに表示してあります。

ISBN 978-4-08-721171-9 C0244

a pilot of wisdom

集英社新書　好評既刊

はじめての動物倫理学
田上孝一　1060-C

いま求められる人間と動物の新たな関係を肉食やペットなどの問題を切り口に、応用倫理学から問う。

日本再生のための「プランＢ」　医療経済学による所得倍増計画
兪 炳匡　1061-A

一％の富裕層ではなく、残りの九九％を豊かにするための画期的な方法を提示。日本の新たな姿を構想する。

ヘイトスピーチと対抗報道
角南圭祐　1062-B

街頭デモやネット上の差別の実態を明らかにし、報道の在り方を考える「ヘイトスピーチ問題」の入門書。

最後の文人　石川淳の世界
田中優子／小林ふみ子／帆苅基生／山口俊雄／鈴木貞美　1063-F

知的自由を体現した孤高の作家、石川淳。五名の識者の解説を通し、その作品と「絶対自由」の世界に誘う。

ＭｏｔｏＧＰ　最速ライダーの肖像
西村 章　1064-H

モーターレーシングの最高峰、ＭｏｔｏＧＰ。命懸けのレースに参戦した一二人のライダーの姿を描きだす。

スポーツする人の栄養・食事学
樋口 満　1065-I

「スポーツ栄養学」の観点から、より良い結果を出すための栄養・食事術をＱ＆Ａ形式で解説する。

職業としてのシネマ
髙野てるみ　1066-F

ミニシアター・ブームをつくりあげた立役者の一人である著者が、映画業界の仕事の裏側を伝える。

免疫入門　最強の基礎知識
遠山祐司　1067-I

免疫にまつわる疑問をＱ＆Ａ形式でわかりやすく解説。基本情報から最新情報までを網羅する。

世界の凋落を見つめて　クロニクル２０１１－２０２０
四方田犬彦　1068-B

東日本大震災・原発事故の二〇一一年からコロナ禍の二〇二〇年までを記録した「激動の時代」のコラム集。

ある北朝鮮テロリストの生と死　証言・ラングーン事件
羅鍾一／永野慎一郎・訳　1069-N〈ノンフィクション〉

全斗煥韓国大統領を狙った「ラングーン事件」実行犯の証言から、事件の全貌と南北関係の矛盾に迫る。

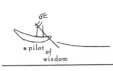